FRANÇOIS INGLOIS

Le siège de Baler

Con la patria se está con razón y sin razón.
A. CÁNOVAS DEL CASTILLO.

Tras de las clases sociales en que ni el alma ni la materia sienten las heridas hechas á la integridad y al honor de la nación, palpita, llena de anhelos de mejora y de enmienda, una España que no se resigna á morir.
CAMILO G. DE POLAVIEJA.

DOLE

PAUL CHALIGNE, LIBRAIRE-ÉDITEUR

1906

FRANÇOIS INGLOIS

Le siège de Baler

Con la patria se está con razón y sin razón.
A. Cánovas del Castillo.

Tras de las clases sociales en que ni el alma ni
la materia sienten las heridas hechas á la integridad y al honor de la nación, palpita, llena de
anhelos de mejora y de enmienda. una España
que no se resigna á morir.
Camilo G. de Polavieja.

DOLE

PAUL CHALIGNE, LIBRAIRE-ÉDITEUR

1906

LE SIÈGE DE BALER

La fin de la domination espagnole aux Philippines a été signalée par un fait d'armes presque inouï. Pendant onze mois, un faible détachement, isolé, pour ne pas dire oublié, sur le littoral du Pacifique, s'est défendu dans une église contre les bandes insurgées de l'île de Luzon ; les hommes qui le composaient ont supporté sans faiblir les plus horribles privations ; ils ont vu d'un œil stoïque leurs rangs éclaircis par le feu de l'ennemi et la maladie ; deux de leurs officiers sont morts ; le troisième a su déjouer jusqu'à la fin toutes les tentatives des Tagals ; le traité de Paris était signé depuis cinq mois que, n'ayant plus de vivres, il s'apprêtait à périr dans une sortie désespérée, et ce n'est que lorsqu'il ne lui a pas été possible de douter de la cession de l'archipel aux États-Unis qu'il a consenti à capituler avec les trente-deux braves que la mort avait épargnés.

Si le bruit de cette héroïque défense n'est pas venu jusqu'à nous, il faut moins s'en prendre à l'éloignement du théâtre de la lutte qu'à la barrière que les Pyrénées élèvent entre deux peuples longtemps rivaux d'influence, de gloire et de génie. Cette barrière tend cependant à s'abaisser de nos jours : après s'être disputé l'hégémonie avec acharnement, Espagnols et Français comprennent la nécessité de s'unir pour résister aux insatiables convoitises de la race anglo-saxonne [1] ; un courant de sympathie réciproque a remplacé les méfiances d'antan ; je n'en veux pour preuve que les chaleureuses acclamations prodiguées au jeune monarque dont l'affable simplicité trouve aisément le chemin des cœurs. Dans l'Espagne dépouillée de ses colonies, la France mutilée s'est reconnue elle-même ; aucun souverain n'a

---

été fêté comme le fils de Marie-Christine [1] ; tous ont frémi en apprenant les dangers qu'il avait courus pendant qu'il était notre hôte, mais déjà, témoin de tant de sang-froid joint à tant de gaieté souriante, la population parisienne avait décerné le nom d'*Alphonse le Brave* à celui qui déclarait récemment ne vouloir être dans la longue suite des rois d'Espagne qu'*Alphonse le Bon* [2].

Le siège de Baler a été raconté par l'officier qui, d'abord comme subalterne, puis en qualité de commandant du détachement, l'a soutenu du 30 juin 1898 au 2 juin 1899 [3]. *Notes et souvenirs :* tel est le sous-titre qu'il donne modestement à son livre ; il s'y révèle écrivain aussi châtié, aussi pur, que vaillant capitaine ; maint passage atteint, sans la chercher, à la véritable éloquence. Cet ouvrage, au surplus, est à lire d'un bout à l'autre ; je souhaite qu'il soit bientôt traduit en français, car il a sa place marquée dans toutes les bibliothèques régimentaires ; aucun n'exalte en termes plus saisissants et plus forts les vertus du soldat : le dévouement, la discipline, le culte du drapeau ; propager ses enseignements est le meilleur moyen de contreminer l'odieux travail des insensés qui sapent l'idée de patrie au nom de je ne sais quel internationalisme éhonté.

Qu'il me soit permis, en attendant une traduction intégrale, de détacher quelques pages de cet incomparable fragment d'épopée : l'histoire de la conquête du Nouveau Monde par les compagnons de François Pizarre et de Fernand Cortez n'offre rien qui le surpasse en grandeur. Je n'ai pas à me justifier de chercher à faire connaître en Franche-Comté la défense de Baler : trop de liens, je l'ai dit ailleurs [4], nous ont unis à la patrie du Cid pendant près de deux siècles pour que jamais le souvenir s'en évanouisse ; les régiments franc-comtois ont mêlé leur sang à celui des terces espagnols sur plus d'un champ de bataille ;

---

(1) Depuis son avènement, le jeune roi s'est montré digne de l'auguste princesse dont on a pu dire sans flatterie : « Una conciencia recta admirará siempre á S. M. la Reina Regente, que sola ante el abismo á que le han conducido los errores de la politica española, parece una forma ideal que detiene por el esfuerzo de sus virtudes públicas y privadas á la nación entera. » J. DE LA PRESA, *El Rey y el porvenir de España*, p. 51.

(2) V., dans la *Vérité française* du 25 novembre 1905, le récit de la visite inopinée d'Alphonse XIII au couvent des Dames de l'Assomption.

(3) *El sitio de Baler (Notas y Recuerdos)*, por el capitan de infanteria D. Saturnino Martin Cerezo, jefe de aquel destacamento. — Guadalajara, 1904, in-12 de 276 pages, 2 planches.

(4) *Un patriote espagnol : le général Polavieja*, p. 6.

c'est ce qui explique l'anxiété avec laquelle nous avons suivi les péripéties de la guerre qui a fait perdre à l'Espagne les derniers lambeaux de son magnifique empire colonial, ainsi que notre empressement à venir en aide aux descendants de nos anciens frères d'armes [1].

En racontant le siège de Baler, je m'effacerai le plus possible derrière l'officier qui a apposé sa signature au bas de la capitulation ; souvent je le laisserai parler ; plus souvent encore je ne ferai qu'abréger son récit ; ce sera toujours lui qu'on entendra, et, si mon étude a quelque intérêt pour le lecteur le moins au courant des funestes conséquences de la dernière insurrection tagale, aucun mérite ne m'en devra revenir. Puisse cette analyse du livre de M. le capitaine Martin fermer la bouche à ceux qui parlent sans cesse de la décadence des races latines ! Un peuple ne meurt pas, parce que la fortune a trahi ses efforts dans une lutte inégale : le sépulcre ne le guette que s'il perd confiance en lui-même. De grandes destinées, c'est ma conviction, sont encore réservées à l'Espagne, si elle réussit à se guérir de la lèpre du caciquisme [2] ; assise au bord de deux mers, elle possède dans les entrailles de son sol des richesses qui ont à peine été effleurées [3] ; de sages règlements peuvent imprimer un nouvel essor à son industrie et à son commerce, des travaux d'irrigation bien conduits doter ses campagnes d'une fertilité inconnue. En attendant, ses enfants sont toujours prêts à tous les sacrifices pour défendre son indépendance ; dans la dernière guerre, leur bravoure a fait l'admiration des généraux de l'armée américaine ; des défaillances ont été signalées dans le haut commandement, mais le soldat, le marin, sont restés au-dessus de tout éloge [4].

---

(1) Dans la souscription ouverte par le journal *El Imparcial* en faveur des soldats revenant de Cuba et des Philippines, la seule ville de Dole figure pour plus de 2,000 pesetas.

(2) Cf., sur la plaie à laquelle je fais allusion, D. ISERN, *Del desastre nacional y sus causas*, p. 131.

(3) Sans parler de ses mines de cuivre, de plomb et de mercure, la péninsule ibérique renferme des gisements de houille qui ne couvrent pas moins de 200,000 hectares ; à elle seule, l'Espagne fournit cinq fois plus de minerais de fer à l'Angleterre que toutes les autres nations réunies. Cf. J.-E. BERGE, *Le relèvement économique de l'Espagne*, dans le *Correspondant* du 10 septembre 1904.

(4) « Hasta aquellos que nos son sistemáticamente hostiles, a pu écrire un journal de Madrid après la signature du traité de Paris, hasta los ingleses, reconocen, y sus periódicos más autorizados lo han confesado paladinamente, que en las guerras con tanta disgracia sostenidas por España, el soldado y el marinero han sido admirables. » *El Imparcial*, 14 décembre 1898.

Qu'on ne vienne donc plus dire que les temps héroïques sont passés, que la race est finie ! A qui répéterait ces banalités, il n'y aurait qu'une réponse à faire, c'est celle que formulait un journal de Manille, quand déjà le drapeau espagnol ne couvrait plus de ses plis les héros de cette défense mémorable : « Allez demander si la race est finie à ceux qui assiègent Baler [1] ! »

I

Baler, dont on chercherait inutilement le nom dans la plupart des dictionnaires géographiques, est une commune, *pueblo*, de l'île de Luzon. Ancienne capitale de la Nouvelle-Ecija, cette commune était la résidence du commandant civil et militaire du district du Prince, limité à l'est par l'Océan, à l'ouest par la chaîne du Caraballo : 180 kilomètres la séparaient de Manille ; à la veille de la rupture des relations diplomatiques entre les États-Unis et l'Espagne, sa population s'élevait à environ 1,400 âmes.

Situé au nord de la baie qui porte son nom, le bourg n'était qu'à 500 mètres de la mer ; entre la plage et les premières maisons passait une rivière sujette à de fréquents débordements, dans laquelle se faisaient sentir deux fois par jour les alternances du flux et du reflux. Qu'on ne se représente pas un bourg, un village semblable à ceux de notre vieux continent, mais de longues et larges rues, se coupant à angles droits, à qui les maîtres de l'archipel avaient donné des noms pompeux : rue d'Espagne, rue du cardinal Cisneros, etc. ; là s'alignaient de distance en distance les habitations des indigènes couvertes en feuilles de palmier, *bahays de caña y nipa*, dont la construction, à l'inverse de ce qui se pratique ailleurs, avait invariablement commencé par le toit [2] : leur légèreté disait à première vue la nécessité de se prémunir contre le retour quasi périodique des tremblements

---

(1) « ¡ Preguntese á los sitiadores de Baler si ha degenerado la raza ! » *Noticiero de Manila*, 3 juin 1899.

(2) Quand le toit est achevé, on le place sur quatre piliers, puis on procède à l'établissement de l'escalier intérieur et du plancher en bambous qui sépare les deux étages ; les murs sont aussi faits de bambous, et le tout pèse si peu qu'il n'est pas rare de voir des maisons transportées en une nuit, sur les épaules de quarante à cinquante Tagals, à plus d'un kilomètre de distance. F. DE MONTEVERDE Y SEDANO, *Campaña de Filipinas : la division Lachambre (1897)*, p. 43.

de terre [1]. Tout y était du reste d'une extrême propreté, car « les villages des Indiens, *pueblos* et *visitas*, sont bien tenus, supérieurs aux amas de huttes que l'on trouve encore en tant de pays d'Europe ; chaque demeure est entourée d'un jardin fleuri, séparé des autres enclos par un rideau de palmiers et de bananiers [2]. » Les habitants de Baler, adonnés à la pêche et au commerce du sel, appartenaient tous à la race tagale.

Au milieu du *pueblo* se dressait l'église, avec une modeste façade, un toit de zinc, des murs larges et bas, solidement maçonnés et flanqués d'épais contreforts ; elle n'était pas plus grande que la plupart des églises de nos villages franc-comtois ; un campanile de bois renfermant quatre cloches surmontait sa tour carrée. Devant l'église s'étendait une place plantée d'orangers. C'était sur cette place que donnaient l'habitation du commandant, *comandancia*, le tribunal, *audiencia,* la caserne de la gendarmerie indigène, *casa cuartel de la guardia civil*, le logement du maître d'école et les maisons d'école : les deux premiers édifices étaient construits en planches ; les autres ne différaient que par leurs dimensions des *bahays* du bourg.

De temps immémorial la force armée n'était représentée à Baler que par un caporal et quatre hommes de la garde civile. Jusqu'en 1897, le district du Prince avait été tranquille : on soupçonnait pourtant qu'on y débarquait des armes quand, moins d'un an avant les événements que je vais raconter, le gouverneur général des Philippines s'avisa d'y envoyer cinquante hommes du 2ᵉ bataillon expéditionnaire de chasseurs sous le commandement d'un jeune lieutenant. Franchissant les cordillères du Caraballo et du Caraballito, cette petite troupe arriva le 20 sep-

---

(1) Cette légèreté explique aussi la rapidité avec laquelle des villages entiers sont réduits en cendres. « Gare à l'incendie, lorsqu'il se déclare au milieu d'une agglomération de cases indiennes ! Elles flambent comme des torches, et le bambou, éclatant sous l'action du feu, propage le fléau en tous sens : rien ne l'arrête. » Duc d'Alençon, *Luçon et Mindanao : récit et souvenirs d'un voyage dans l'extrême Orient*, dans la *Revue des Deux Mondes* du 15 mai 1870.

(2) E. Reclus, *Nouvelle géographie universelle*, t. XIV, p. 551. Cf., sur l'archipel dont les États-Unis ont brutalement dépouillé l'Espagne sans tenir compte du protocole de Washington, Jagor, *Reisen in den Philippinen* (Berlin, 1873, in-8) ; J. Montero y Vidal, *El archipielago filipino y las islas Marianas, Carolinas y Palaos* (Madrid, 1886, in-8) ; D.-C. Worcester, *The Philippines Islands and their people : record of personal observation and experience* (Londres, 1899, in-8) ; B. Francia y Ponce de León et J. Gonzalez Parrado, *Las islas Filipinas, Mindanao* (La Havane, 1899, 2 vol. in-8) ; H.-C. Stuntz, *The Philippines and the far east* (Cincinnati, 1904, in-8).

tembre 1897 à Baler. Là, son chef eut la funeste inspiration de la fractionner en trois détachements : 10 hommes furent logés dans le quartier des gardes civils, 18 dans la case du maître d'école et 22 dans la maison du commandant, un seul chasseur étant mis en faction au milieu de la place. On ne tarda pas à voir les effets de cette imprudence [1]. Le 5 octobre, un nombreux parti d'insurgés se glissa au point du jour dans Baler, égorgea la sentinelle et attaqua simultanément les trois postes. Le lieutenant et neuf hommes tombèrent sous les coups des Tagals ; neuf autres furent blessés ; le surplus de la troupe se réfugia dans l'église, qui fut immédiatement investie, pendant que le curé et les gardes civils se voyaient emmener prisonniers. Le transport *Manila* arrivé le surlendemain au mouillage de Baler tenta de débloquer les assiégés, mais il ne put y réussir et douze hommes de l'équipage parvinrent seuls à se frayer un chemin à travers les rebelles jusqu'à l'église.

Cette surprise eut un douloureux retentissement à Manille. On décida sur-le-champ l'envoi d'une compagnie de cent hommes tirée du même bataillon, qu'on embarqua sur le transport *Cebú*. Le 16 octobre, ce bâtiment jeta l'ancre dans la baie de Baler, mais, les insurgés s'étant fortement retranchés sur la plage, il dut aller demander du renfort au *Manila* mouillé à peu de distance. Le débarquement eut lieu le lendemain : après un vif engagement, les Tagals furent mis en déroute. Le 19, les assiégés prirent la mer avec le *Cebú*, et Baler resta occupé par leurs libérateurs, qui, mettant à profit la leçon des événements, s'empressèrent de fortifier l'église. Bien leur en prit, car à peine le *Manila* eut-il levé l'ancre à son tour que les rebelles revinrent à l'attaque : le 21, ils livrèrent un premier assaut ; le 22, ils essayèrent de brûler le couvent, *convento*, adossé à l'église ; les jours suivants, ils continuèrent à se montrer en forces, et, quand, le 13 novembre, le croiseur *D. Juan de Austria* vint ravitailler la petite garnison, ils ouvrirent un feu si vif sur le navire qu'on dut se contenter de descendre les vivres à la plage, où ils demeurèrent plusieurs jours avant qu'on pût les transporter dans l'église. La fin du mois vit les Espagnols livrer plusieurs combats pour

---

(1) Il semble que le curé de Baler, Fr. Candido Gomez Carreño, ait eu le pressentiment de ce qui allait arriver, car il écrivait à un de ses confrères : « Tenemos cincuenta cazadores al mando de un teniente muy joven; estas son calamidades que Dios no manda y que tenemos que aguantar. » S. MARTIN CEREZO, *El sitio de Baler*, p. 17.

s'opposer à l'ouverture de tranchées dans leur voisinage ; ils ne purent l'empêcher, et, le 18 janvier 1898, il leur fallut faire une vigoureuse sortie pour se mettre en rapport avec le vapeur *Compañia de Filipinas*, qui reprit immédiatement la route de Manille afin de solliciter des renforts. Le 23, une colonne de 400 hommes arriva à marches forcées à Baler ; elle y apprit la conclusion de la soi-disant paix de Biac-na-bato [1], en sorte que son rôle se borna à recevoir la soumission de différents chefs insurgés.

Au commencement du mois de février, les seconds lieutenants [2] D. Juan Alonso Zayas et D. Saturnino Martin Cerezo furent désignés pour aller relever les forces qui occupaient Baler avec cinquante hommes du 2ᵉ bataillon expéditionnaire de chasseurs. Telle était la réputation des postes de la région montagneuse de la Nouvelle-Ecija qu'en serrant la main aux deux officiers, leur commandant leur dit : « Vous allez dans un pays où au : Qui vive ? des sentinelles on répond : *Katipunan* [3]. Ce n'est pas bien bon, mais enfin vous n'allez là-bas que pour deux mois. » Sortis de Manille le 7 février, les soldats remontèrent le Pasig à bord d'un vapeur jusqu'à Santa Cruz de la Laguna [4] ; de là, ils gagnèrent Mauban, où ils attendirent un transport, qui les débarqua à Baler le 13. Avec eux se trouvaient le capitaine d'infanterie D. Enrique de Las Morenas y Fossi, nommé commandant civil et militaire du district du Prince, le curé de Baler, Fr. Candido Gomez Carreño, récemment relâché par les Tagals, le médecin militaire D. Rogelio Vigil de Quiñones y Alfaro, un caporal d'infirmerie indigène et deux infirmiers, l'un indigène, l'autre espagnol. Quand on arriva à la plage, la rivière était dé-

---

(1) Par la convention de Biac-na-bato (14 décembre 1897), le généralissime des insurgés Emilio Aguinaldo s'engageait à déposer les armes, moyennant la promesse d'une amnistie et l'admission des indigènes à tous les emplois civils : 400,000 dollars lui furent comptés sur-le-champ et il s'embarqua pour Hong-Kong, d'où il devait revenir au mois de mai 1898. D. Isern, *Del desastre nacional y sus causas*, p. 297.

(2) Le *primero teniente* et le *segundo teniente* de l'armée espagnole correspondent à l'*oberleutnant* et au *leutnant* de l'armée allemande.

(3) Le *Katipunan* était une vaste association secrète fondée sous les auspices de la franc-maçonnerie des Philippines pour affranchir l'archipel de la domination de la métropole : les insurgés, du généralissime au dernier soldat, portaient la lettre initiale de son nom, combinée avec diverses figures, sur le côté gauche de la poitrine. Cf. C. Benoist, *L'Espagne, Cuba et les États-Unis*, p. 148.

(4) V., pour Santa Cruz de la Laguna et les autres centres de population nommés dans cette étude, Nordman, *Mapa de las islas Filipinas* (Paris, 1875, in-fol.).

bordée et il fallut laisser au bord de la mer les rations que le bâtiment apportait : le détachement (mais qui pouvait le prévoir ?) ne devait cependant pas recevoir d'autres vivres avant de soutenir un siège de 337 jours.

Après l'embarquement des troupes qu'ils étaient venus relever, les chasseurs du lieutenant Alonso se logèrent tout d'abord dans l'église : c'était là, en effet, qu'on pouvait le plus facilement éviter une surprise ; c'était également là que se trouvaient les munitions et les vivres. Le capitaine Las Morenas ayant insisté pour qu'ils occupassent la *comandancia*, on lui obéit, et il ne resta à l'église qu'une faible garde sous les ordres d'un caporal. Le nouveau commandant du district du Prince s'abandonnait à un optimisme qui, à vrai dire, n'était plus de saison ; il ne désespérait pas de gagner par ses manières affables les sympathies des indigènes et, dans le fait, ceux-ci ne tardèrent pas, l'appât du gain aidant, à revenir habiter leurs cases ; on leur acheta toute la viande et tout le poisson qu'ils apportèrent, afin de ménager les approvisionnements, dont une partie avait été avariée par suite du séjour à la plage ; on put aussi, grâce au recouvrement des impôts [1], payer la solde des hommes, mais on négligea l'installation de l'infirmerie et il ne fut pas possible de renouveler les effets et la chaussure de la troupe.

Au printemps, le bruit se répandit à Baler qu'un nouveau soulèvement se préparait et que des enrôlements pour le compte des rebelles avaient lieu dans les localités voisines ; vers le milieu de mai, l'insurrection éclata : on apprit presque simultanément la rupture de l'Espagne avec les États-Unis et le désastre de Cavite [2] ; les messages expédiés à Manille furent interceptés, et toutes communications par terre avec l'intérieur de l'île reconnues impos-

---

(1) Tout indigène était frappé d'une taxe de capitation, *tributo*, de 7 fr. 50 ; il y avait aussi des impôts sur la fabrication de l'alcool, les combats de coqs, etc. ; les hommes devaient en outre quarante journées de prestations par an, dont ils pouvaient se rédimer moyennant le versement d'une somme de 15 fr. Des abus pouvaient se glisser dans la perception des taxes par les *cabezas de barangay*, mais, en définitive, ces impôts n'avaient rien d'excessif, et tous les voyageurs ont reconnu le caractère paternel du régime espagnol dans l'archipel. Cf. E. Jurien de la Gravière, *Luçon et la domination espagnole aux Philippines*, dans la *Revue des Deux Mondes* du 15 juillet 1852.

(2) C'était le 1er mai 1898 que le commodore Dewey avait anéanti dans la rade de Cavite l'escadre des Philippines commandée par l'amiral Montojo. Cf. C. Bride, *La guerre hispano-américaine de 1898*, p. 132 ; E. Bujac, *Précis de quelques campagnes contemporaines*, t. IV, p. 258 ; E. Duboc, *Le combat de Cavite*, dans la *France militaire*, année 1899.

sibles. Deux barques à voiles étant sur ces entrefaites arrivées à
la baie de Baler avec un chargement de palay [1], on remit à ceux
qui les montaient un rapport pour le commandant de Binangonan [2], qui devait le faire parvenir au capitaine général des Philippines, mais à peine les deux embarcations eurent-elles levé
l'ancre qu'on sut que la région de Binangonan était au pouvoir
des insurgés.

Le 24 juin, un Tagal que le capitaine Las Morenas avait pris
comme domestique s'enfuit avec le sabre du docteur Vigil. Deux
jours après, il fut visible que Baler commençait à être abandonné
par les indigènes : le départ de ceux-ci, suivant la remarque de
l'historien du siège, faisait présager une attaque imminente aussi
sûrement que la disparition de certains oiseaux a coutume d'an-
noncer l'approche d'une tourmente. Le 27 juin, en effet, il ne
restait plus un seul habitant dans le *pueblo* : tous les Tagals
avaient pris la fuite, emportant l'argent comptant du curé et les
effets que les soldats leur avaient donnés à laver. Il fallut se
rendre à l'évidence : Baler était menacé d'un coup de main. On
transporta en hâte les vivres de la *comandancia* à l'église, où tous
s'enfermèrent pour la nuit avec le capitaine Las Morenas et le
curé ; on y déposa également soixante-dix cavanes [3] de palay
que ce dernier avait achetées des naturels de Binangonan.

Pénibles furent les premières heures passées entre ces quatre
murs qu'allait illustrer une défense sans égale dans l'histoire.
« Il n'échappait à personne, dit l'historien du siège, que les circonstances étaient très critiques.... Cette mer déserte, avec la
rivière pour premier fossé sans gué, ce bourg abandonné et
silencieux, l'impossibilité de gagner le bois et la montagne, la
démonstration de notre abandon, tout cela n'était assurément
pas de nature à nous inspirer de la résolution et du courage [4]. »
Mais au campanile de l'église flottait le drapeau jaune et rouge,
« symbole de la patrie, emblème de toutes les gloires passées,
espoir de celles de l'avenir, souvenir vivant de toutes les gran-
deurs historiques dont s'enorgueillissent les fils de l'Espagne [5], »

---

(1) Le palay est le riz non mondé, en gerbes.

(2) Binangonan est un bon port côtier situé en face de l'île du Polillo, sur la contre-
côte de Luzon.

(3) La cavane, *cavan*, renferme 25 *gantas* ou 200 *chupas*; la *ganta* est de la conte-
nance de trois litres; la *chupa* est la ration ordinaire du soldat.

(4) S. Martin Cerezo, *El sitio de Baler*, p. 48.

(5) C. de Santiago-Gadea, *La jura de la bandera*, p. 20.

et il n'y avait que des lâches pour songer à l'amener devant les bandes du *Katipunan*.

Ces lâches se rendirent eux-mêmes compte que leur place n'était pas au milieu des braves résolus à résister jusqu'à la mort. Dans la soirée du 27, on constata la disparition du caporal d'infirmerie et de l'infirmier indigène ; un autre cas de désertion devait se produire le lendemain. Il convenait cependant de prendre langue de l'ennemi : le 28, le lieutenant Martin fut à la découverte avec quatorze hommes sans rien remarquer de suspect ; une reconnaissance faite le 29 par le lieutenant Alonso demeura également sans résultat. La journée du 28 avait été consacrée à s'approvisionner d'eau en emplissant une vingtaine de tenajas [1] trouvées dans les maisons de Baler ; on se mit, le 29, à démolir le couvent, qui n'était autre que l'habitation du curé ; les bois provenant de cette démolition furent emmagasinés dans les caves ; on laissa seulement subsister le soubassement en maçonnerie, haut d'environ deux mètres, de façon à avoir ainsi une enceinte, *corral*, fermée par un mur solide.

Il était réservé à l'officier qui devait plus tard raconter la défense de Baler d'essuyer les premiers coups de fusil des Tagals. Le 30 juin, le lieutenant Martin alla de nouveau en reconnaissance avec le même nombre d'hommes que l'avant-veille ; la petite troupe cheminait en observant les précautions prescrites par les règlements militaires, quand, à cinquante pas du pont d'Espagne, les rebelles embusqués derrière les berges du canal ouvrirent sur elle un feu violent et, s'élançant au pas de charge, cherchèrent à l'envelopper ; force fut de battre précipitamment en retraite, ramenant, non sans peine, un caporal grièvement atteint au pied gauche.

Le siège de Baler venait de commencer.

II

A l'aube du jour suivant, le premier objet qui frappa la vue des Espagnols fut une lettre que les Tagals avaient déposée pendant la nuit près de l'église. On les sommait de mettre bas les

---

(1) Cf. P.-F. Percy, *Mémoire sur des espèces d'amphores dites* tenajas, *usitées de tout temps en Espagne* (Paris, 1811, in-8).

armes pour éviter une effusion de sang inutile, attendu que presque toutes les forces péninsulaires avaient déjà fait de même ; les rebelles ajoutaient qu'ils étaient trois fois plus nombreux qu'il ne fallait pour contraindre la garnison à se rendre ; toute résistance serait une pure témérité. Ce message ne produisit pas grande impression : on ne vit qu'une ruse de guerre grossière dans l'annonce de la capitulation des troupes espagnoles, et officiers et soldats s'apprêtèrent à soutenir un siège ; des terre-pleins furent élevés derrière les portes de l'église ; on se mit aussi, sans perdre de temps, à creuser un puits dans la cour [1] ; à quatre mètres de profondeur, la pioche des travailleurs rencontra l'eau et dès lors le détachement fut assuré de ne pas avoir à souffrir de la soif.

Le 2 juillet, nouvelle lettre placée dans l'extrémité fendue d'un bambou fiché en terre à dix mètres de l'église. Les Tagals se plaignaient de ce que leur première sommation était restée sans réponse ; ils revenaient sur ce qu'ils avaient dit, la veille, de la marche victorieuse de l'insurrection, assurant qu'ils étaient maîtres de la plus grande partie de l'île de Luzon ; que la capitale de l'archipel était investie par 22,000 insurgés [2] ; que le réservoir des eaux était en leur pouvoir et que la garnison et les habitants se voyaient ainsi réduits à capituler à bref délai. Le capitaine Las Morenas répondit que la ville de Manille ne se rendrait pas, tant qu'elle pourrait recourir aux eaux de la mer [3] : « Ne vous faites pas d'illusions, déclara-t-il ; déposez les armes et rentrez dans le devoir ; votre commandant vous attend, bras ouverts. » Suivait l'indication des règles à observer relativement à l'envoi de parlementaires. Un déserteur se présenta pour prendre cette réponse ; le lieutenant Martin, dont il avait été ordonnance, l'adjura de revenir auprès de ses camarades, mais, sa mission remplie, le misérable transfuge tourna les talons sans répondre un seul mot.

Le 3, les Tagals envoyèrent une lettre par un autre déserteur ; on ne voulut pas la recevoir, et les officiers déclarèrent que, si

---

(1) Les rebelles pouvant facilement couper le canal qui approvisionnait d'eau Baler, le lieutenant Martin avait demandé depuis longtemps qu'on fît des fouilles dans le voisinage immédiat de l'église, mais le capitaine Las Morenas s'y était opposé.

(2) Cf. C. BRIDE, *La guerre hispano-américaine de 1898*, p. 243.

(3) Les défenseurs de Manille eurent soin de recueillir les eaux pluviales ; ils creusèrent aussi des puits en différents endroits. V. *El Imparcial*, 1ᵉʳ septembre 1898.

les assiégeants continuaient à faire choix d'émissaires de ce genre, ceux-ci seraient accueillis à coups de fusil. « Leur présence, dit l'historien du siège, leur conseil d'amener le drapeau, le drapeau même qu'ils avaient touché de leurs lèvres traîtresses en jurant de mourir pour le défendre [1], était un lâche outrage que nous ne pouvions ni permettre ni tolérer [2]. » Comme il y avait soixante-douze heures que la troupe n'avait mangé de pain, on construisit ce jour-là un four de briques au milieu de la cour ; on partagea d'autre part une barrique vide en deux pour laver le linge ; c'était plus que suffisant, car, dès cette époque, le dénuement des malheureux soldats était tel que la plupart d'entre eux étaient obligés de se mettre à demi nus, quand ils voulaient nettoyer leurs effets.

Cependant, tout en continuant à tirailler sans interruption, les rebelles ne négligeaient rien pour compléter l'investissement. « Réduits à l'étroite enceinte de cette humble église, d'où jamais le culte divin ne parut aussi éloigné qu'alors et où jamais, à coup sûr, Dieu ne fut autant invoqué et autant respecté qu'en ces jours d'amertume, nous n'avions, dit un des défenseurs de Baler, qu'à regarder, sans pouvoir l'empêcher, le développement des tranchées du siège, dont l'enceinte se resserrait autour de nous, formant avec ses enlacements quelque chose de fort semblable au réseau que les araignées construisent avec tant d'habileté pour se garantir des tentatives d'évasion de leurs prises. Nous ne pouvions neutraliser ces travaux, vu la grande supériorité numérique de l'ennemi ; toute tentative nous eût causé des pertes inutiles, désastre matériel et moral dont nous ne devions pas courir le risque. Les assiégeants ne réalisaient pas non plus leurs approches en se découvrant ; ils en connaissaient certainement le danger et se prévalaient des ténèbres de la nuit. Nous étions prêts à faire feu au moindre bruit, mais le grondement des flots de la mer voisine concourait à les protéger. C'est ainsi qu'ils purent arriver avec leurs tranchées à cinquante pas de nous d'un côté et à vingt pas seulement d'un autre, traçant une espèce de ligne de contrevallation [3], irrégulière, mais que couvraient et flanquaient de distance en distance les maisons les plus rapprochées

---

[1] Rien de plus solennel que la prestation de serment au drapeau dans l'armée espagnole. On peut voir les détails de cette cérémonie dans C. DE SANTIAGO-GADEA, *La jura de la bandera*, p. 41.

[2] S. MARTIN CEREZO, *El sitio de Baler*, p. 55.

[3] Le mot propre serait : *circonvallation*.

de l'église. Enfilant celle-ci du côté qui leur paraissait le plus vulnérable, ils terrassèrent quelques-unes de ces habitations et les transformèrent en véritables ouvrages de campagne, qui les mettaient à l'abri de nos projectiles et leur permettaient de nous harceler à leur guise, grâce à une sorte de retranchement garni d'embrasures élevé sur chacune d'elles avec des revêtements parfaitement entendus [1]. »

Cette ligne de tranchées était sur le point de se fermer entièrement en englobant le quartier des gardes civils, situé à moins de quinze pas de l'église. Ce fut alors qu'un simple soldat, Gregorio Catalan Valero, offrit de mettre le feu à ce poste. Digne émule du héros de Cascorro [2], l'intrépide chasseur sortit sous une grêle de balles et incendia non seulement le quartier des gardes civils, mais encore les deux maisons d'école, qu'on vit s'abîmer en un instant dans les flammes ; cela fait, il revint auprès de ses camarades, sans qu'aucun des rebelles osât se mettre à sa poursuite. Quelques jours plus tard, un autre brave renouvela cet exploit en brûlant une maison d'où les assiégeants inquiétaient le flanc sud-ouest de l'église.

Ne pouvant songer à rompre le cercle qui les étreignait, les Espagnols complétèrent leurs travaux de défense en vue d'un assaut qu'ils jugeaient imminent : des embrasures furent pratiquées dans les fenêtres ; on condamna les portes jusqu'à la moitié de leur hauteur, et l'espace vide fut obstrué par des ballots d'étoffes et des caisses remplies de terre ; on ne laissa qu'une faible ouverture dans une porte latérale pour effectuer, le cas échéant, une sortie. « Avec cette clôture, dit l'historien du siège, le seuil de notre asile ne pouvait être franchi que par une intruse redoutable, qui par là même trouvait à chaque instant un chemin plus uni et plus facile vers nous, la mort [3]. »

(1) S. Martin Cerezo, *op. cit.*, p. 56.

(2) En 1896, le chef cubain Maximo Gomez assiégeait avec 5,000 hommes le bourg de Cascorro, défendu seulement par 170 Espagnols. D'une maison voisine de l'enceinte, le feu des rebelles gênait la défense. Un simple soldat, Eloy Gonzalo Garcia, se présenta à son capitaine et lui dit : « Je vais aller brûler la maison. Je m'attacherai une corde au corps, j'irai à la maison, je l'incendierai, ils me tueront. Alors vous tirerez la corde, parce que je ne veux pas que mon corps reste au pouvoir des mambises. » Il fit comme il avait dit et eut le bonheur de revenir sain et sauf; plus tard il mourut de la fièvre jaune. En 1902, la ville de Madrid a érigé une statue à ce brave ; elle le représente le fusil à l'épaule, la corde autour des reins, un bidon de pétrole sous son bras gauche et une torche dans la main droite.

(3) S. Martin Cerezo, *op. cit.*, p. 58.

Le 8 juillet, le cabecilla Cirilo Gomez Ortiz demanda une suspension d'armes de quelques heures, que le capitaine Las Morenas accorda. Instruit par les déserteurs de la pénurie de vivres des Espagnols, le Tagal voulut faire le généreux en offrant de fournir à la garnison tout ce dont elle pourrait avoir besoin. Les assiégés répondirent qu'ils avaient des provisions surabondantes et envoyèrent au chef insurgé une poignée de demi-régalias avec une bouteille de Xérès pour boire à leur santé. Ne se croirait-on pas revenu au temps où le défenseur de Lérida, D. Gregorio Brito, faisait porter au prince de Condé par un petit nègre une provision de sorbets et de citrons [1] ?

Le 18, le curé de Baler reçut une lettre d'un de ses confrères invitant le capitaine Las Morenas à se rendre au colonel philippin Calixto Villacorta et lui disant que ses hommes seraient immédiatement rembarqués pour l'Espagne, à l'instar des autres détachements, qui presque tous avaient capitulé sans combat [2]. Au témoignage de l'historien du siège, la lettre ne manquait pas d'une certaine éloquence analogue à celle des confesseurs *in extremis*. On n'y répondit pas.

Le 19, nouveau message conçu en ces termes : « Je viens d'arriver avec les trois colonnes que je commande et, instruit de l'inutile résistance que vous venez de faire, je vous informe que si vous mettez bas les armes, les livrant dans les vingt-quatre heures, je respecterai vos biens et vos vies. Dans le cas contraire, je vous les ferai livrer de force, sans avoir compassion de personne, et je rendrai les officiers responsables de tous les malheurs qui pourront arriver. — Donné en mon quartier général, le 19 juillet 1898. *Calixto Villacorta.* »

A cette sommation fut faite, le lendemain matin, la réponse suivante : « C'est aujourd'hui, à midi, qu'expire le délai de votre menace. Nous ne pouvons pas, nous autres officiers, être responsables des malheurs qui arriveront ; nous nous bornons à accomplir notre devoir ; tenez pour certain que, si vous vous emparez de l'église, ce ne sera que lorsqu'on n'y rencontrera

---

(1) Duc d'Aumale, *Histoire des princes de Condé pendant les XVIe et XVIIe siècles*, t. V, p. 156.

(2) Il était faux que la rapatriation des détachements qui avaient mis bas les armes eût déjà commencé ; deux mois plus tard, on n'évaluait pas à moins de 5,000 à 6,000 hommes le nombre des soldats espagnols prisonniers des Tagals dans l'île de Luzon. V. *El Imparcial*, 7 septembre 1898.

plus que des cadavres, la mort étant préférable au déshon-
neur [1]. »

Exaspérés par cette fière réponse, les rebelles ouvrirent, à l'expi-
ration de la trêve, un feu des plus violents. Les assiégés n'y répondirent pas, moins pour ménager leurs munitions que pour
inciter les Tagals à risquer un assaut. Calixto Villacorta fit alors
savoir au caiptaine Las Morenas que, ne voulant plus brûler de
la poudre en pure perte, il ne lèverait pas le siège, celui-ci dût-il
durer trois ans : « Je ne quitterai pas Baler, déclara-t-il, avant
de vous avoir fait capituler. »

Le 31 juillet, un soldat mourut des suites d'une blessure re-
çue quinze jours auparavant et on l'ensevelit dans l'église même.
Ce jour-là, Calixto Villacorta prévint les Espagnols que ses canons étaient arrivés [2] et que, s'ils ne capitulaient pas le lendemain, il jetterait par terre les murs de leur asile. Le 1er août, en
effet, les assiégeants dirigèrent une violente canonnade contre
trois flancs de l'église ; ce fut miracle si les portes ne volèrent pas
en éclats ; la toiture fut sérieusement endommagée, mais la maçonnerie tint bon et le détachement ne subit aucune perte.

Le 3 août, l'ordonnance du lieutenant Alonso passa à l'ennemi avec armes et bagages, en sautant par une fenêtre du
chœur, et sa désertion ne fut pas sans inquiéter les officiers, car
le traître avait pu les entendre exprimer la crainte de voir les Tagals mettre le feu à la partie septentrionale de l'église. L'événement justifia bientôt leurs appréhensions : le 7, à la faveur d'une
vive fusillade, les rebelles tentèrent d'escalader le mur du
chœur ; la sentinelle placée en cet endroit donna l'alarme et un
combat s'engagea, dans lequel les indigènes montrèrent une ténacité dont on ne les croyait pas capables. Comme ce combat se
prolongeait, les officiers espagnols prirent le parti de simuler une
sortie : le lieutenant Martin fit sonner la charge ; en même
temps, dominant le tumulte, le lieutenant Alonso cria d'une
voix forte : « A la maison de Hernandez ! » Effrayés, les assaillants prirent la fuite, abandonnant leur échelle [3], ainsi que les

---

(1) « Et il était très vrai, ajoute l'historien du siège, que nous préférions la mort. »
S. MARTIN CEREZO, *El sitio de Baler*, p. 62.

(2) Ces canons étaient sans doute du genre des *lantacas* dont on voit la figure dans
F. DE MONTEVERDE Y SEDANO, *Campaña de Filipinas : la division Lachambre (1897)*,
p. 77.

(3) Ne pouvant rentrer cette échelle dans l'église, les assiégés durent se contenter de
l'attacher fortement à une des poutres du toit.

2

chiffons et le pétrole qu'ils avaient apportés pour incendier le chevet de l'édifice.

Les jours suivants ne furent marqués que par la continuation du tir des rebelles : qu'était devenue la résolution de Calixto Villacorta de s'en tenir à un simple blocus ? Le 20 août, deux ecclésiastiques se présentèrent de la part du colonel philippin et s'efforcèrent de déterminer les Espagnols à se rendre : le capitaine Las Morenas les retint, de peur qu'ils ne rapportassent à l'ennemi des renseignements sur ses moyens de défense ; ce fut d'eux qu'on sut que le lâche Juan Caldentey, ordonnance du lieutenant Alonso, avait été renversé raide mort par une balle, au moment où il s'apprêtait à mettre le feu à un canon. « Dans la série des événements humains, fait observer à ce sujet le commandant de Baler, il y a maintes fois des coïncidences si étranges que le moins croyant, le plus sceptique, ne peut s'empêcher de songer aux arrêts suprêmes d'une justice inexorable, la justice de la Providence divine [1]. »

Du 20 août au 25 septembre, il ne survint aucun fait digne d'être noté : plusieurs soldats furent blessés, mais légèrement. Cependant les veilles, les intempéries, la mauvaise qualité et l'insuffisance des aliments [2] amenèrent une épidémie contre laquelle on se trouva sans défense. Cette épidémie était le béri-béri [3]. Précédé d'un tremblement convulsif et caractérisé par une faiblesse extraordinaire, le mal envahissait d'abord les membres inférieurs, qui se couvraient de tuméfactions dégoûtantes ; les hommes qui en étaient atteints avaient peine à lever les pieds. L'enflure gagnait ensuite lentement les autres parties du corps ; la parésie musculaire se changeait en paralysie ; il y avait des palpitations, de la dyspnée ; des troubles nerveux se manifestaient et bientôt le malade expirait dans des angoisses indicibles.

La première victime du béri-béri fut le curé Fr. Candido Gomez Carreno. Comme il rendait le dernier soupir, un habitant de Baler demanda à le voir, mais on ne le lui permit pas ; il dit qu'il était détenu dans les prisons de Manille lors de la red-

---

(1) S. Martin Cerezo, *El sitio de Baler*, p. 70.

(2) La ration quotidienne de farine était réduite de 500 grammes à 400 ; par suite de l'humidité de l'église, cette farine avait fermenté et les vers abondaient dans l'espèce de mortier qu'elle formait.

(3) Le béri-béri est une maladie infectieuse des pays chauds, dont les médecins n'ont pas encore déterminé nettement la véritable nature. Cf. C. Weintraub, *Ueber Beriberi*, dans la *Wiener med. Wochenschrift*, année 1887.

dition de la place [1] pour avoir pris part à la surprise du 5 octobre et qu'on l'avait remis en liberté en le chargeant d'inviter le
détachement à déposer les armes ; ce fut par lui qu'on eut la première nouvelle de la capitulation des forces qui occupaient la capitale de l'archipel.

Le 30 septembre, un soldat mourut de la dysenterie. Digne
d'un meilleur sort, ce malheureux avait donné quelques jours
auparavant un rare exemple de courage : le béri-béri ne lui per-
mettait pas de se tenir debout, quand le redoublement de violence du feu de l'ennemi fit croire à un assaut imminent ; il
s'était alors traîné sur les mains et sur les genoux jusqu'à l'ouverture de la porte latérale, et là, couché sur le sol et quasi expi-
rant, il avait attendu, le doigt sur la détente, que les rebelles se
présentassent. Le jour de sa mort, on reçut une lettre du gouverneur de la province [2] annonçant la perte des Philippines ;
son écriture et son seing furent reconnus sans hésitation par le
capitaine Las Morenas. Les jours suivants, les assiégeants firent
successivement parvenir aux défenseurs de l'église le texte des capitulations de divers officiers espagnols, ainsi qu'une lettre d'un
ecclésiastique confirmant les succès remportés par les troupes
américaines et les contingents insurgés.

« Il faut avouer, dit la relation du siège, que tant de témoi-
gnages différents étaient plus que suffisants pour convaincre qui
que ce fût de la réalité, mais nous connaissions la gageure, la
question d'amour-propre qu'était notre reddition pour les ennemis, et cette idée nous affermissait dans la croyance que tout
était supposé, falsifié, convenu. Aussi, lorsqu'ils nous prévinrent
qu'ils avaient avec eux plusieurs de ceux qui avaient capitulé,
nous demandâmes à les voir et par le fait nous n'ajoutâmes foi
ni à l'évidence de la lettre du gouverneur de la Nouvelle-Ecija,
ni aux capitulations, ni à rien. D'autre part, il ne nous entrait
pas dans la tête que la ruine fût aussi grande qu'ils nous le
disaient ; nous ne pouvions concevoir que notre domination se
perdît avec tant de facilité ; il ne nous était même pas possible
d'admettre la probabilité d'une chute aussi rapide et aussi reten-
tissante [3]. »

---

[1] Manille s'était rendue le 13 août aux forces américaines commandées par le général Merritt. V. le texte de la capitulation dans *El Imparcial*, 28 septembre 1898.

[2] Le gouverneur de la Nouvelle-Ecija était M. Dupuy de Lome.

[3] S. MARTIN CEREZO, *El sitio de Baler*, p. 74.

Le 10 octobre, un caporal et un soldat moururent du béri-béri. Le 13, le docteur Vigil fut grièvement blessé [1]. Le 25, le lieutenant Alonso succomba à son tour et, par suite de sa mort, le détachement passa sous les ordres du lieutenant Martin.

Le premier soin de celui-ci fut de remédier au défaut de ventilation de l'église, qui favorisait les progrès de l'épidémie au point qu'une demi-douzaine d'hommes étaient seuls indemnes de tout mal ; il fit pratiquer des ouvertures dans le terre-plein d'une des portes ; on enleva également les immondices qui viciaient l'air.

Telle était à cette date la faiblesse de la plupart des soldats qu'ils ne pouvaient se tenir debout ; il fallait les hisser à bras jusqu'au poste qu'ils devaient occuper ; là, assis sur une chaise, ils restaient six heures en faction. « Six longues heures, le fusil armé, les jambes inertes, en proie à des souffrances vives, croissantes...., et ces hommes se montraient satisfaits [2] ! » Pour éviter que durant la nuit ils ne s'endormissent sous les armes, le capitaine Las Morenas, le lieutenant Martin et le docteur Vigil veillaient à tour de rôle ; pendant ce temps, le caporal de quart faisait sa ronde toutes les cinq minutes, appelant chaque sentinelle à voix basse par la désignation de son poste : droite de l'autel, gauche de l'autel, etc. ; le factionnaire interpellé répondait en toussant légèrement, de peur que les déserteurs aux aguets dans le voisinage ne vinssent à le reconnaître. Tous les feux étaient éteints ; il régnait dans l'église un silence profond, troublé seulement par le bruit des pas du caporal, et on comprend que plus tard, rendu à la vie normale, plus d'un acteur du siège se soit demandé s'il n'avait pas rêvé.

Les Tagals ne tardèrent pas à sommer de nouveau les assiégés de se rendre, leur promettant de les rapatrier immédiatement. On leur répondit de prendre patience : si les Philippines avaient

---

(1) Le lieutenant Martin reçut aussi le même jour une légère blessure.

(2) S. Martin Cerezo, *El sitio de Baler*, p. 80. En tête du volume se trouve la photographie des survivants du siège. Le lieutenant Martin est assis au centre du groupe : figure douce et énergique à la fois, vrai type de soldat ne connaissant que son devoir, tel qu'on l'imagine après avoir lu les pages qu'il a consacrées à la défense de l'église de Baler. Autour de lui se trouvent ses chasseurs ; leurs visages portent encore les traces des fatigues et des privations qu'ils ont endurées ; la plupart sont de tout jeunes gens. Ce sont pourtant ces recrues, *bisoños*, qui ont montré derrière de méchants murs une résolution digne des *infantes* des *tercios viejos*, pendant qu'une grande revue parisienne ouvrait ses colonnes aux railleries d'un touriste sur l'aspect chétif des troupes péninsulaires de l'archipel. V. A. Bellessort, *Une semaine aux Philippines*, dans la *Revue des Deux Mondes* du 15 février 1899.

réellement changé de maîtres, ils devaient se souvenir qu'en pareil cas les lois et les usages de la guerre accordent un délai de six mois pour l'évacuation du territoire ; il était vraisemblable que la garnison de Baler serait rappelée en dernier lieu, le capitaine général D. Basilio Augusti y Davila n'ignorant pas tous les vivres et toutes les munitions dont elle disposait. « Ne vous attendez pas à être rappelés, déclarèrent les Tagals, vous ne le serez jamais ; depuis l'ouverture des hostilités avec les États-Unis, vos chefs ne se sont jamais inquiétés des détachements de l'île de Luzon [1] ; vous n'avez, en conséquence, qu'à capituler sur-le-champ. » Ce que disaient là les rebelles n'était que trop vrai, mais les Espagnols n'avaient pas tort de repartir que, lorsqu'elle abandonne un pays, une armée ne peut oublier les forces qu'elle a détachées.

Du 22 octobre au 14 novembre, six soldats furent encore emportés par le béri-béri ; ils expirèrent dans des souffrances atroces, sans autre consolation que de mourir sous le drapeau qui flottait au sommet de la tour. Entretenir ce drapeau fut, durant tout le siège, la grande préoccupation du détachement : lorsque l'étoffe était par trop criblée de balles, on cousait ensemble quelques morceaux de cotonnade empruntés aux soutanes rouges des enfants de chœur et à une moustiquaire jaune que possédait le lieutenant Martin ; on montait pendant la nuit au campanile et on y arborait avec émotion le nouveau drapeau, que les premiers rayons du soleil levant faisaient joyeusement resplendir dans les airs [2].

Malade depuis quelque temps, le capitaine Las Morenas fut lui-même atteint du béri-béri. Comme il avait assumé jusqu'alors la tâche de répondre par écrit aux communications des assiégeants, il importait de couper court à celles-ci afin d'éviter que sa mort ne vînt à être soupçonnée. C'est pourquoi, le 20 novem-

---

(1) « Nadie se explicaba en Manila, dit un écrivain, ni se explica ahora en España, como no se dió á dichos destacamentos órdenes preventivas para que pudieran replegarse en determinadas circunstancias que se veian llegar por todos. » D. Isern, *Del desastre nacional y sus causas*, p. 303.

(2) « Il est certain, dit l'historien du siège, que nous n'ajoutions ainsi ni une poignée de riz à nos vivres ni une cartouche à nos munitions, mais il n'est pas moins certain que ces changements échauffaient nos esprits, et qu'à la vue du drapeau glorieux qui nous couvrait sous la voûte céleste, il nous semblait que toute l'Espagne avait les yeux fixés sur nous et qu'elle nous encourageait par l'espoir de sa reconnaissance et de son souvenir, si nous agissions en gens de cœur. » S. Martin Cerezo, *El sitio de Baler*, p. 167.

bre, on présenta à sa signature un message destiné à mettre fin à tout échange ultérieur de missives. Par ce message, pleine amnistie était offerte aux rebelles : « Pour vous montrer, y était-il dit, les sentiments philanthropiques des Espagnols, changez d'attitude, rendez-nous vos armes ; tout sera mis en oubli et les habitants pourront immédiatement revenir dans la commune. » On devine quelle litanie d'insultes accueillit une proposition qui, de l'aveu même de celui qui en avait eu l'idée, rappelait certaine farce de la comédie italienne [1].

Les cris de rage des Tagals retentissaient encore autour de l'église que, le 22 novembre, le malheureux commandant du district du Prince rendait le dernier soupir. Son agonie fut horrible : il n'avait pas entièrement perdu connaissance, mais ne savait plus où il était ; dans son délire, il se croyait entouré des siens et une fois, s'imaginant voir son plus jeune fils, il cria au lieutenant Martin et au docteur Vigil, qui ne quittaient pas son chevet : « Mon petit Enrique ! mon petit Enrique ! Envoyez chercher cet enfant. Vite ! les insurgés vont me le prendre. »

Le capitaine Las Morenas mort, le lieutenant Martin était le seul officier qui survécût : « C'était, a-t-il écrit plus tard, le cent quarante-cinquième jour du siège ; il restait sous mes ordres trente-cinq soldats, un clairon et trois caporaux, presque tous malades ; pour les soigner, je ne disposais que d'un médecin et d'un infirmier ; pour les entretenir, je n'avais que quelques sacs de farine toute fermentée, qui formait un véritable mortier ; quelques sacs de riz de plus ; d'autres sacs ayant contenu des pois chiches, mais qui ne renfermaient plus que de la poussière et des charançons ; pas trace de viande, puisque celle d'Australie avait pris fin dans la première semaine de juillet ; quelques tranches de lard fourmillant de vers et en outre d'une saveur répugnante ; très peu de café, et mauvais ; du vin, fini au mois d'août, les récipients ; des haricots en petite quantité, et mauvais ; du sucre en abondance, mais pas un grain de sel (il nous faisait défaut depuis que nous nous étions enfermés dans l'église), et quelques boîtes de sardines très avariées. Tout cela était bien peu, en regard du développement de l'épidémie, des fatigues du siège et de l'éloignement du secours, mais nous avions encore des munitions suffisantes, un drapeau à défendre

____

(1) S. Martin Cerezo, *El sitio de Baler*, p. 87,

tant qu'il nous resterait une cartouche, et un dépôt sacré, les restes de nos compagnons, à garder de la profanation de l'ennemi. Nous pouvions résister, et nous résistâmes [1]. »

III

Lorsqu'on songe qu'à la date où l'auteur des lignes qui précèdent prit en mains la défense de l'église de Baler les insurgés étaient maîtres depuis près de trois mois de toute l'île de Luzon [2], on conçoit qu'ils eussent hâte d'en finir avec « cette poignée d'Espagnols, qui, sans aucune perspective de secours et isolés du reste de l'univers, soutenaient avec une rigueur inouïe et une sérénité imperturbable l'honneur du drapeau auquel ils avaient prêté serment [3]. » Plus étonnant est l'abandon dans lequel on laissait ces rivaux des héros de Numance. Pour le comprendre, il faut savoir qu'au moment où une colonne expéditionnaire s'apprêtait à les secourir, le misérable caporal d'infirmerie qui avait déserté dès le début du siège se présenta aux autorités de Manille : l'assurance avec laquelle il certifia que le détachement avait capitulé depuis longtemps, les détails qu'il donna sur le lieu où les hommes qui en faisaient partie avaient été conduits, sur les secours qu'ils recevaient en attendant leur rapatriement, ne permirent pas de révoquer en doute ses assertions, et l'expédition fut contremandée.

Ce fut alors que, réduits à leurs propres ressources, les défenseurs de l'église de Baler montrèrent tout le parti que des chefs résolus auraient pu tirer, dans d'autres circonstances, du prestige que le soldat espagnol gardait aux yeux des naturels des Philippines [4]. Atteints les uns après les autres du béri-béri, on les voyait dresser des listes qu'ils appelaient : *expéditions pour*

---

(1) Id., *op. cit.*, p. 89.

(2) La dernière place que les Espagnols possédassent sur le lac de Bay, Santa Cruz de la Laguna, s'était rendue aux Tagals le 1ᵉʳ septembre. V. *El Imparcial*, 13 septembre 1898.

(3) *Diario de Manila*, décembre 1898.

(4) Ce prestige était grand, malgré les efforts des loges pour convaincre les indigènes de l'existence d'une civilisation tagale antérieure à la domination espagnole. Sur le rôle de la franc-maçonnerie aux Philippines, cf. *El Imparcial*, 22 avril 1896; F. Engracio Vergara, *La masoneria en Filipinas*, p. 10; J.-B. Casas, *La guerra separatista en Cuba*, p. 464; C. Benoist, *L'Espagne, Cuba et les États-Unis*, p. 143.

l'autre monde; en tête venaient ceux qui étaient le plus malades; quand l'un d'eux succombait, ses compagnons disaient au chasseur qui venait après lui : « A ton tour d'être enterré dans tel endroit, » et, avec un sang-froid admirable, le soldat ainsi interpellé léguait une faible somme aux camarades désignés pour creuser sa fosse. Quel officier n'eût été fier de commander de tels hommes ?

La ligne de circonvallation que les rebelles avaient construite se rapprochait cependant de plus en plus; ils avaient fortifié quelques maisons situées à moins de quarante pas de l'église, d'où leur feu incommodait fort les assiégés. Un simple soldat, Juan Chamizo Lucas, profita d'un moment où la vigilance des sentinelles ennemies s'était relâchée pour incendier ces habitations, jetant avec une audace incroyable ses chiffons imbibés de pétrole par les embrasures du retranchement; en un instant tout fut en flammes et, sous la protection du tir de ses compagnons, le brave chasseur regagna la tranchée de la sacristie sans blessure.

Pour se rendre compte de la possibilité de réaliser une semblable tentative, il est à propos de savoir qu'entre les maisons réduites en cendres et l'église s'étendait un terrain qui, fécondé par les pluies, s'était couvert en peu de temps d'une végétation merveilleuse; fleurs et fruits abondaient, mais permettre aux soldats de recueillir les produits naturels de ce bosquet eût été s'exposer à ce que des rapports suspects s'établissent avec les rebelles. Toutefois, sans aller jusque-là, la convoitise éveillée par la simple vue du gazon scintillant de rosée était telle que le chef du détachement n'y résistait pas. « En cachette, raconte-t-il, car cela nous paraissait honteux, nous nous glissions, Vigil et moi, par le trou de la porte; silencieusement, furtivement, nous descendions à la tranchée et.... nous mangions de l'herbe. Banquet de ruminants, qui aurait pu nous coûter cher, car l'ennemi était sur ses gardes, et, nous ayant aperçus, il nous envoya une fois une volée de mitraille qui, sans la maladresse des pointeurs, eût mis fin à notre digestion [1]. »

Le 8 décembre, un soldat mourut du béri-béri. Après lui avoir rendu les derniers devoirs, le lieutenant Martin ne voulut pas que le jour de l'Immaculée Conception ressemblât aux autres

---

[1] S. MARTIN CEREZO, *El sitio de Baler*, p. 95.

jours ; il ordonna, en conséquence, qu'on fît des beignets et du
café pour la troupe ; chaque homme reçut en outre une boîte de
sardines. Les beignets étaient durs, le café sans force, mais,
comme tout est relatif en ce monde, ce modeste supplément à
l'ordinaire fut le bienvenu, et avec ce simulacre de festin la garnison de Baler célébra gaiement la fête de la patronne de l'infanterie espagnole [1].

Au reste, l'intrépide commandant ne négligeait rien pour dis-
traire ses soldats. En vue d'empêcher que les assiégeants ne les
supposassent abattus, il prescrivit que chaque soir les chasseurs
libres de service descendissent dans la cour et s'y livrassent à des
danses, à des chants dont le bruit pût parvenir aux tranchées ennemies. « Chantez, crièrent les Tagals, vous ne tarderez pas à
pleurer. » Certes, il fallait une rare énergie à des hommes épui-
sés de veilles et de fatigues pour organiser des jeux qui évo-
quaient l'image du pays qu'ils ne reverraient peut-être jamais,
et plus d'un dut interrompre ses *coplas* en se souvenant des jours
heureux. « Souvenirs bien amers, écrit leur chef, comédie et
pure comédie qui se répéta quotidiennement jusqu'à la fin du
siège, mais comédie dans laquelle nous étions acteurs, en dépit
des réclamations de la volonté ; souvenirs douloureux, qui néanmoins nous fortifiaient réellement. C'était, dit-il encore, comme
le masque riant dont nous prétendions couvrir un visage déjà
rongé par le cancer [2]. »

Les jeux institués par le lieutenant Martin donnèrent si bien
le change aux assiégeants que la fureur de ces derniers ne connut
plus de bornes. Non contents de battre sans relâche les murs de
l'église avec leurs mauvais canons, ils lancèrent sur le toit de zinc
une véritable pluie de pierres, en accompagnant le bruit assour-
dissant de ces projectiles d'effroyables vociférations ; les déserteurs, les infâmes déserteurs, semblaient avoir à cœur de se distinguer dans ce concert diabolique par leurs grossières injures.
Les Tagals organisèrent aussi derrière leurs retranchements des
bals auxquels ils eurent soin de convier de nombreuses filles

[1] Que vont penser d'une arme placée sous le patronage de la Vierge Immaculée les
sectaires qui s'offusquaient dernièrement de voir nos vaillants chasseurs à pied célébrer
leur fête traditionnelle par un service religieux pour les morts ? Ce n'est pas en Espagne
qu'on pourrait impunément blasphémer le saint nom de Marie. Cf. A. MICKIEWICZ,
Les aïeux, partie II, scène I.

[2] S. MARTIN CEREZO, *op. cit.*, p. 92.

d'Ève : « Espagnols, criaient-ils, vous n'avez pas de femmes. *Castilas, gualán babay* [1] ! » Dans quelle intention perverse s'avisaient-ils ainsi de faire résonner aux oreilles des assiégés les doux accents de voix féminines ? On le devine sans peine, mais, défendus des entraînements des sens par leurs privations journalières, les Espagnols ne restaient pas en reste de railleries ; ils formaient des boulettes avec le pain qui n'était pas mangeable et les jetaient par les meurtrières de l'église en disant : « Venez, venez au pain. Si les fruits nous manquent, nous avons du pain de reste [2]. »

Il était pourtant impossible de laisser ceux qu'on n'allait bientôt plus pouvoir traiter de rebelles [3] prolonger leurs défis, et le commandant du détachement résolut de leur donner une leçon. Son projet était d'effectuer une sortie et il en avait fixé la date au 23 décembre, mais, le 13, le docteur Vigil, qui, atteint du béri-béri, attendait la mort dans un fauteuil, lui dit : « Martin, je meurs, je suis très mal. Si vous pouviez m'apporter quelque chose de vert, peut-être cela me ferait-il du bien, à moi et aux autres malades qui sont ici. — Vous savez, répondit le lieutenant, que j'avais projeté une sortie pour l'avant-veille de Noël, mais comme il n'est pas possible d'attendre jusque-là, je vais la tenter sur-le-champ. » Vainement le docteur Vigil voulut-il l'en dissuader, redoutant que cette précipitation n'amenât une catastrophe ; il n'obtint que cette réponse : « Advienne que pourra, la sortie se fera, car autrement nous serons dévorés par l'épidémie. »

En conséquence, le lendemain 14 décembre, à onze heures du matin, le lieutenant Martin fit appeler le caporal José Olivares Conejo, en la bravoure duquel il avait toute confiance, et lui ordonna de prendre quatorze hommes parmi les plus valides et

---

(1) Chez les Tagals, les femmes ont, comme les hommes, les lèvres grosses et le nez épaté, mais leur costume se prête merveilleusement à faire valoir la pureté de leurs formes ; quant aux métisses, un voyageur les dit d'une élégance et d'une blancheur de peau sans rivales dans l'extrême Orient. V. E. PLAUCHUT, *L'archipel des Philippines*, dans la *Revue des Deux Mondes* du 15 avril 1877.

(2) « Venid, venid por pan. Aunque no tenemos piñas ni platanos tenemos pan de sobra. » S. MARTIN CEREZO, *El sitio de Baler*, p. 97.

(3) Ce fut, en effet, le 12 décembre 1898 que les plénipotentiaires américains et espagnols apposèrent à Paris leurs signatures sur le traité par lequel l'Espagne cédait aux États-Unis l'île de Puerto-Rico, l'île de Guam et l'archipel des Philippines. Cf. *Documentos presentados à los Cortes en la legislatura de 1898 por el ministro de Estado : conferencia y tratado de Paris* (Madrid, 1898, in-4).

de les faire sortir sans bruit, un à un, par le trou de la porte latérale ; une fois rassemblés dans la cour, ils devaient s'élancer, baïonnette au canon, sur la maison la plus proche de l'église en se déployant en éventail ; un d'eux, porteur de chiffons trempés de pétrole fixés au bout de longs bambous, mettrait le feu à cette maison ; pendant ce temps le reste de la garnison tirerait sur les insurgés afin de les empêcher d'éteindre l'incendie.

Ce coup de main réussit au delà des prévisions du vaillant officier. Surpris par une attaque dont la témérité leur parut le fait d'hommes au désespoir, aveuglés par les flammes, étourdis par les coups de fusil qui partaient de l'église, les Tagals s'enfuirent à la débandade et en moins d'un instant le champ de bataille demeura aux Espagnols. Ceux-ci brûlèrent tout le bourg, ne respectant que quelques-unes des maisons les plus éloignées ; ils comblèrent les tranchées, abattirent un bouquet d'arbres qui leur dérobait la vue de la rivière, renouvelèrent leur provision de bois et transportèrent à l'église tous les ferrements qu'ils purent trouver dans les cendres fumantes de la *comandancia* ; ils ne négligèrent pas non plus de récolter les fruits des orangers de la place, les citrouilles, les légumes des jardins voisins, et, grâce à ces aliments frais, l'épidémie ne tarda pas à décroître. « Cette mémorable sortie, dit l'historien du siège, fut pour le détachement de Baler comme le souffle d'oxygène pour le malheureux asphyxié [1]. » Elle ne coûta pas à ceux qui l'effectuèrent un seul blessé, tandis que les bandes mises en déroute eurent à déplorer, entre autres pertes, la mort du cabecilla Cirilo Gomez Ortiz.

Plusieurs jours se passèrent avant que les Tagals se montrassent de nouveau dans le voisinage de l'église. On mit ce temps à profit pour creuser, à sept ou huit mètres de l'enceinte, un puits perdu, dans lequel un fossé en pente conduisit les matières fécales et les débris de toute sorte qui formaient un dépôt pestilentiel au milieu de la cour ; on laboura un terrain voisin et on y sema des piments et des tomates ; la tranchée de la sacristie reçut des semis de courges qui réussirent à merveille. D'autre part, les clous trouvés à la *comandancia* furent utilisés pour réparer le toit, dont la solidité paraissait compromise ; à l'aide d'un mélange de farine et de plâtre, on boucha les trous innombrables qui le faisaient ressembler par les belles nuits à un ciel parsemé d'étoiles,

---

(1) S. Martin Cerezo, *El sitio de Baler*, p. 108.

mais qui, en revanche, livraient passage à la pluie au point que les hommes ne savaient où se coucher [1]. Tous ces travaux étaient terminés quand, revenant de leur frayeur, les insurgés se décidèrent à établir une nouvelle ligne de circonvallation moins rapprochée de l'église que la première.

Arriva la nuit de Noël. Le lieutenant Martin accorda à la troupe un extra dont les *dulces* d'écorce d'orange, les courges et le café firent les frais. Il s'avisa aussi que l'église renfermait un certain nombre d'instruments de musique [2] : les chasseurs qui n'étaient pas de service reçurent, qui une flûte, qui un tambour, qui une clarinette, un trombone, etc. ; à ceux qui n'avaient rien on remit des bidons de pétrole vides, sur lesquels ils frappèrent à tour de bras. Dieu sait quel concert en résulta, à la grande colère des assiégeants. « Ils s'enrouaient, raconte l'organisateur de cette soirée musicale, à nous vociférer de leurs tranchées toutes sortes d'injures, disant que tout finirait bientôt, que les pleurs viendraient et que nous allions mourir, et nous, redoublant notre discordant charivari, nous cherchions à dissiper la tristesse de nos âmes en pensant que nous avions encore le pouvoir de les mettre en fureur, que nous avions encore des cartouches pour continuer à nous défendre et qu'au sommet de la tour, en dépit des tempêtes, des pluies, des angoisses et des violences, demeurait arboré le drapeau de notre infortunée patrie [3]. »

On se souvient que l'offre dérisoire d'une amnistie avait mis fin aux pourparlers du camp ennemi avec les défenseurs de l'église : le lendemain même de la mort du capitaine Las Morenas, un Tagal s'était présenté, porteur d'une lettre, mais on lui avait crié de se retirer immédiatement, qu'on ne voulait plus recevoir de missives. Dans les derniers jours du mois de décembre, le désir de connaître la situation de l'archipel détermina le commandant de Baler à accueillir un parlementaire, qui lui remit trois lettres, l'une de Calixto Villacorta annonçant l'arrivée auprès de lui d'un capitaine espagnol chargé de conférer avec le détachement, l'autre de l'officier en question confirmant la pré-

---

(1) Ce mortier n'ayant pas résisté aux intempéries, on le remplaça plus tard par des boîtes de fer-blanc.

(2) Il n'y avait pas un seul *pueblo* des Philippines qui ne possédât un corps de musique, dont l'entretien était supporté par le curé et les notables ; bon nombre de ceux qui en faisaient partie venaient des bandes musicales des régiments indigènes. Cf. E. PLAUCHUT, *L'archipel des Philippines,* dans la *Revue des Deux Mondes* du 15 juin 1877.

(3) S. MARTIN CEREZO, *El sitio de Baler,* p. 114.

cédente, et la troisième d'un ecclésiastique adjurant les assiégés au nom de Dieu d'ajouter foi à ce que le capitaine leur dirait. Le feu étant suspendu de part et d'autre, le lieutenant Martin s'avança au milieu de la place, mais personne ne vint et la soi-disant mission qui avait motivé cette courte trêve fut tenue pour une invention du colonel philippin.

Avec la nouvelle année se leva le cent quatre-vingt-quatrième jour du siège. Je voudrais pouvoir transcrire ici les pages dans lesquelles l'auteur du livre que j'analyse rapporte ce qu'il ressentit, lorsqu'il arracha la dernière feuille de son calendrier : rien ne peint mieux les angoisses qui étreignaient parfois cette âme de héros. Si ses chasseurs étaient perdus à l'extrémité d'une terre qui déjà, à leur insu, n'appartenait plus à l'Espagne, il était, lui, isolé au milieu d'eux, ne pouvant confier à personne ses desseins, ses appréhensions, ses doutes ; puis, avec le carton vide pendu au mur, il lui semblait que tout le passé disparaissait pour faire place à un avenir des plus sombres et des plus menaçants ; combien de jours lui serait-il donné de tenir encore dans l'église où reposaient déjà treize de ses compagnons d'infortune ?

Des feuilles manuscrites furent substituées aux défuntes éphémérides, mais il n'était pas au pouvoir des assiégés de renouveler leurs vivres : la ration de farine dut être réduite à 200 grammes ; il n'y avait plus de riz, et il fallut recourir au palay ; la troupe se mit à le monder grain à grain, besogne si fatigante que le commandant fut obligé d'en restreindre la durée à deux heures par jour.

Le mois de janvier se passa sans qu'en dehors d'un soldat blessé le détachement éprouvât aucune perte. Le 13 février, le béri-béri fit encore une victime. Le lendemain, un clairon ennemi sonna au parlementaire à deux reprises, et grande fut la surprise du lieutenant Martin, lorsqu'il vit qu'avant qu'on eût répondu à cette sonnerie un individu se dirigeait vers l'église, un drapeau blanc à la main ; au cri de : Halte ! il s'arrêta à quarante pas de la tranchée de la sacristie, et entre lui et le commandant s'engagea ce dialogue : « Êtes-vous le capitaine Las Morenas ? — Non, señor, je suis un des officiers du détachement. Que voulez-vous ? — Je suis le capitaine D. Miguel Olmedo et je viens de la part du capitaine général parler au señor Las Morenas. — Le capitaine Las Morenas ne parle à personne. On l'a déjà trompé plusieurs fois, et il a résolu qu'on n'y reviendrait pas. Dites-moi ce que vous désirez et je le lui dirai. »

L'inconnu répondit que le capitaine général n'ignorait pas qu'on avait tenté d'en imposer aux assiégés, mais qu'il s'agissait cette fois d'une pièce officielle. Le lieutenant Martin envoya un soldat prendre la pièce, puis il dit au parlementaire : « Vous pouvez m'attendre. Je vais voir ce que le capitaine décidera. » Rentrant alors dans l'église, il lut l'ordre suivant : « Le traité de paix ayant été signé entre l'Espagne et les États-Unis et la souveraineté des îles ayant été cédée à cette dernière nation, vous aurez à évacuer la place, emportant les armes, les munitions et les caisses du Trésor, vous conformant aux instructions verbales que vous donnera de ma part le capitaine D. Miguel Olmedo y Calvo. Dieu vous garde longues années. — Manille, 1ᵉʳ février 1899. — *Diego de los Rios* (1). » Et au bas : « M. le commandant civil-militaire du district du Prince, le capitaine d'infanterie D. Enrique de Las Morenas y Fossi. »

Cette pièce, qui ne portait point de numéro d'ordre, parut suspecte au commandant de Baler. Se tournant vers ses chasseurs, qui l'interrogeaient anxieusement du regard, il leur dit : « Rien. C'est toujours la même musique. » Puis il sortit et cria au parlementaire : « Le capitaine Las Morenas a dit que c'était bien. Vous pouvez vous retirer. » Au lieu de s'en aller, le capitaine Olmedo demanda à entrer dans l'église pour y sécher ses vêtements : inutile de dire qu'un refus catégorique lui fut opposé. « Où irai-je donc coucher cette nuit ? — Où vous avez couché les nuits précédentes. » Il se mit alors à se plaindre, déclarant qu'il était impossible que Las Morenas traitât ainsi un compatriote, un compagnon d'études, un parent.... « C'est bon, dit-il enfin, et quand dois-je revenir pour la réponse ? — Quand nous sonnerons au parlementaire (*atención*) et hisserons le drapeau blanc. Si nous n'en faisons rien, ne vous dérangez pas ; il n'y aura pas de réponse. » Il se retira et on ne le revit plus ; les nuits suivantes, on distingua sa voix dans les conversations tenues à l'intérieur d'une maison voisine, ce qui acheva de faire croire au lieutenant Martin qu'il avait eu affaire à un chef insurgé.

C'était bien cependant un officier espagnol et l'ordre dont il était porteur émanait bien réellement du général Rios, mais comment admettre qu'un capitaine de l'armée régulière se pré-

(1) Commandant de la division sud de l'archipel, le général Rios avait réussi à maintenir dans le devoir les îles Visayas, jusqu'au moment où il fut appelé à remplacer à Manille le général Jaudenez.

sentât en civil avec un message d'une telle importance, sans aucun papier, sans aucun signe extérieur qui pût le faire reconnaître ? Il se disait en outre ami du capitaine Las Morenas, et il avait pris le lieutenant Martin pour celui-ci ; il se prétendait complètement mouillé, et ses vêtements ne portaient pas trace de pluie ; c'était plus qu'il n'en fallait pour justifier la défiance du commandant de Baler, qui, dans cette circonstance, ne fit que se conformer strictement aux prescriptions du règlement du service en campagne [1].

Le 25 février amena la découverte d'un complot formé entre un caporal et deux soldats du détachement : tous trois avaient concerté de passer à l'ennemi avec armes et bagages ; peut-être même se proposaient-ils quelque chose de plus. Ils méritaient d'être fusillés sur l'heure : le lieutenant Martin (il devait s'en repentir plus tard) se contenta de les mettre aux fers dans le baptistère de l'église.

Cet événement produisit néanmoins sur l'esprit du vaillant officier une impression profonde ; il décupla la surexcitation nerveuse à laquelle il était en proie. « Dès le commencement du siège, écrit-il, je n'avais pas joui des douceurs d'un sommeil tranquille, et depuis que tout était entre mes mains, il ne me restait même plus de temps à consacrer au sommeil. Je dormais en me promenant, quand je veillais et quand je mangeais, debout et assis, en parlant et en me taisant. Mon état était une veille perpétuelle.... L'inquiétude de mes nerfs arriva à un degré tel qu'un léger murmure, le plus petit bruit, m'éveillait avec une agitation inconnue ; partout je croyais découvrir des indices alarmants, partout des motifs d'observer et de sursauter. On ne peut imaginer la tristesse et la souffrance qu'engendre le manque de ressources physiologiques, quand la volonté les réclame ardemment ; je demandais en vain de la lumière pour mon cerveau qui s'étourdissait, de la vigueur pour mes bras, de la résistance contre l'épuisement de la fatigue. Dieu m'en tiendra compte, ajoute-t-il modestement. En y pensant à présent, je doute si ce n'a pas été un lamentable cauchemar [2]. »

---

[1] « Art. 748. — Recordando que en la guerra son frecuentes los ardídes y estratagemas de todo género, aún en el caso de recíbir órden escrita de la superioridad para entregar la plaza, suspenderá su ejecucion hasta cerciorarse de su perfecta autenticidad, enviando, si lo es posible, persona de confianza á comprabarla verbalmente. »

[2] S. Martin Cerezo, *El sitio de Baler,* p. 134.

De toutes les préoccupations qui privaient l'intrépide commandant de sommeil, la moindre n'était pas celle que lui causait l'épuisement des vivres : que n'eût-on pas donné pour quelques quartiers de la viande de cheval qu'on avait autrefois dédaignée [1] ? Dans les dernières nuits de février, la garnison de Baler eut la bonne fortune d'abattre à coups de fusil trois carabaos [2] échappés d'un parc ennemi. Telle était l'intensité de la faim qui torturait les hommes qu'il fut impossible de les retenir : ils se précipitèrent comme des fous sur le premier animal tué et coupèrent des tranches de sa chair pour les dévorer crues. Malheureusement les Tagals emmenèrent leurs troupeaux plus loin ; cette chasse inespérée ne se reproduisit plus et le manque de sel ne permit pas de conserver la viande. Le lieutenant Martin utilisa les peaux des carabaos pour renouveler les chaussures du détachement : la plupart des chasseurs n'avaient depuis plusieurs mois que de simples semelles de bois attachées par des cordes. Les vêtements de la troupe étaient également dans le plus piteux état : de rapiéçage en rapiéçage, les pantalons avaient fini par n'être plus qu'un assemblage de loques ; quant aux vareuses, on pouvait compter celles qui avaient encore l'aspect d'uniformes [3]. Pour remédier à ce honteux dénuement, le commandant fit donner, le 2 mars, quelques caleçons, quelques chemises et quelques draps de lit de l'infirmerie à ses hommes : ceux-ci imitèrent Robinson dans son île ; ils réussirent à se fabriquer des aiguilles ; un morceau de toile leur fournit le fil et ils parvinrent à confectionner des habits pour remplacer vaille que vaille leurs haillons.

Le 25 mars, on acheva de monder les derniers grains de palay. Le lendemain, pour occuper les soldats, le lieutenant Martin leur

(1) A la veille du siège, le lieutenant Martin s'était saisi de trois ou quatre chevaux dans l'intention de les tuer plus tard, mais, sur les protestations des soldats, le capitaine Las Morenas avait donné ordre de les relâcher.

(2) Le carabao est le buffle des Philippines ; il est généralement noir ; son front est armé de deux longues cornes aiguës. Il vit d'ordinaire en liberté jusqu'à l'âge de quatre ou cinq ans ; à cette époque, on le prend au lazzo, on le dompte en lui passant un anneau de fer dans la cloison qui sépare les deux narines et on l'utilise comme bête de trait, quelquefois même comme monture. Cf. F. de Monteverde y Sedano, *Campaña de Filipinas : la division Lachambre (1897)*, p. 299.

(3) En voyant ses chasseurs ainsi déguenillés, le commandant de Baler dut penser plus d'une fois à ce que don Quichotte dit du soldat espagnol : « No hay ninguno mas pobre en la misma pobreza... A veces suele ser su desnúdez tanta, que un coleto acuchillado le sirve de gala y de camisa. » Cervantes, *El ingenioso hidalgo*, lib. IV, cap. XXXVIII.

fit creuser un fossé en travers de la rue d'Espagne, dont l'extrémité aboutissait au pont du même nom, flanqué, à droite et à
gauche, de deux maisons fortifiées ; quelques chasseurs s'y embus-
quèrent le 28, et trois insurgés tombèrent sous leurs coups, deux
morts, le troisième grièvement blessé. Le 30, à cinq heures du
matin, les Tagals cherchèrent à intimider les assiégés par une fusillade qui se prolongea jusqu'à la nuit ; on les vit fréquemment
changer d'emplacement une pièce d'artillerie moderne, dont les
détonations firent trembler les murs de l'église, sans que les boulets et les boîtes à mitraille produisissent de dégâts sérieux ; c'était
un des canons qu'ils avaient pris aux Espagnols à Cavite [1]. Le
31, à quatre heures du matin, ils demandèrent à parlementer,
agitant au bout d'une perche une lettre et un paquet de journaux :
pour toute réponse, les défenseurs de l'église continuèrent à
mettre posément en joue quiconque se montrait à découvert. Le
feu reprit alors sur toute la ligne ; il se calma un peu vers midi,
mais recommença dans la soirée avec une nouvelle violence,
accompagné de cris épouvantables. « Les voix d'une multitude
de femmes, dit l'historien du siège, s'unissaient à celles de nos
adversaires ordinaires et à d'autres que nous ne connaissions pas,
comme si toute la population de l'île, sans distinction d'âge ni
de sexe, s'était rassemblée, anxieuse de venir à bout de nous
par un assaut définitif. Celui-ci n'eut cependant pas lieu, et en
revanche nos coups de fusil les obligèrent à cesser leur canonnade [2]. » Quant à la fusillade, elle continua les jours suivants,
ne cessant que pendant de brefs intervalles : c'était à se demander
d'où les assiégeants tiraient une telle quantité de munitions.

Le 8 avril, deux cent trente-deuxième jour du siège, les assiégés se partagèrent la dernière tranche de lard ; il n'y avait plus
de pain depuis longtemps, bien que le 1er janvier la ration de
farine eût été réduite à 200 grammes, et chaque soldat ne rece-
vait que 24 centilitres de riz par jour [3] ; les haricots avaient

(1) Une photographie de ce canon est donnée en tête du volume.
(2) S. Martin Cerezo, *El sitio de Baler*, p. 141. Il est bon de savoir que le lieutenant Martin avait dispensé de toute faction pendant la nuit huit des meilleurs tireurs :
au point du jour, quatre d'entre eux se postaient au campanile et aux fenêtres de la tour,
sans autre consigne que de viser les servants des batteries insurgées ; ils étaient relevés
à midi par les quatre autres et cette section de tirailleurs rendit jusqu'à la fin du siège
les plus grands services.
(3) Les trente-sept individus dont se composait alors la garnison recevaient donc à
peu près neuf litres de riz par jour. A partir du 19 mai, les trente-trois survivants n'eurent plus à se partager que six litres.

remplacé les pois chiches, et le café touchait à sa fin. C'était vraiment le spectre de la famine qui se dressait devant les nobles enfants de l'Espagne, et on comprend que leur chef éprouvât un sombre désespoir à la pensée de voir les armes leur tomber des mains. De son propre aveu, il se faisait l'effet du capitaine qui, perdu dans l'immensité de l'Océan sur un navire démâté, attend le moment où, jouet des lames, celui-ci va s'abîmer dans la mer avec son équipage.

« Pour que l'illusion fût complète, rapporte le vaillant officier, il ne manquait même pas ce clapotis des flots, si pénible pendant les longues traversées. Le voisinage de la côte nous l'apportait, et dans le silence de la nuit nous arrivait aussi d'habitude cet incomparable rugissement de la mer agitée, cette plainte effrayante qui, dégénérant en menace, paraît sortir de l'abîme pour s'élever dans l'espace infini. Durant les veilles nocturnes, quand, envisageant notre situation face à face, je méditais dans le calme et la solitude sur ce qu'elle avait de désolant ; quand, songeant aux souffrances endurées, je mesurais la longueur de la défense et réfléchissais à tout ce qu'on aurait pu faire pour nous de toute façon, pendant tout ce temps, depuis Manille, depuis le quartier général de notre armée, depuis l'Espagne elle-même [1], et que tous mes calculs n'aboutissaient, en définitive, qu'à la déduction d'un abandon manifeste et d'une ruine assurée, j'avoue que cette voix de la mer, lugubre et puissante, m'affligeait d'une manière indicible ; elle semblait répondre à mes pensées par l'annonce de mystérieux malheurs. Tout cela finit par m'obséder à tel point que, je le déclare, cette voix de la mer, tantôt triste, tantôt courroucée, mais toujours dominante et solennelle, vint à être pour moi le plus redoutable tourment de mes nuits [2]. »

Le 11 avril, entre deux et trois heures de l'après-midi, un coup de canon retentit dans la direction de San José de Casignan [3] ; il fut suivi de neuf autres et il n'y eut personne, dans la garnison de Baler, qui ne crût à l'arrivée d'une forte colonne de secours. La joie des assiégés devint de la frénésie, lorsque, la

(1) Faut-il croire, sur la foi du *Diario de Manila*, qu'à une dépêche signalant l'urgence d'envoyer un bâtiment de guerre recueillir l'héroïque détachement, le gouvernement de la métropole ait répondu e demandant où était Baler ?

(2) S. Martin Cerezo *El sitio de Baler*. p. 143.

(3) San Jose de Casignan (2,000 h) est à 15 kilomètres de Baler.

nuit venue, un réflecteur électrique projeta ses feux depuis la baie sur l'église : « Plus de doute, se dirent-ils, des troupes arrivent par terre ; d'autres sont à bord d'un bâtiment de guerre ; dès qu'il sera jour, elles combineront leurs attaques et avant dix heures nous les verrons accourir victorieuses. » Aussi n'y eut-il pas un seul homme qui, cette nuit-là, ne restât volontairement en faction, prêtant l'oreille aux moindres rumeurs du camp ennemi et attendant le matin avec une impatience impossible à décrire.

Aux premières lueurs du jour, une vive fusillade se fit entendre au bord de la mer. Comme elle cessa presque aussitôt, on s'imagina qu'il s'agissait d'une simple reconnaissance effectuée par les matelots. Dans la soirée, les grosses pièces de marine entrèrent en scène : on compta jusqu'à six coups de suite, à intervalles réguliers, et on vit les Tagals courir précipitamment dans leurs lignes. Le tir ayant cessé et les insurgés continuant à fuir, le commandant de Baler fit faire trois feux de salve successifs à ses hommes pour indiquer que la garnison se défendait encore : rien n'indiqua que ce signal eût été compris. Il ordonna alors à deux chasseurs de monter au campanile et d'y agiter un torchon enflammé à l'extrémité d'une longue perche quand la lumière électrique reparaîtrait. Ainsi fut fait, sans obtenir d'autre réponse que le silence ; à quatre heures du matin, le réflecteur éteignit ses feux ; on vit les fanaux du navire doubler la pointe de la baie et se perdre ensuite dans la brume.

Plus l'allégresse avait été vive, plus le découragement fut grand ; le lieutenant Martin se sentit lui-même défaillir, et, lorsqu'il se fut écoulé assez de jours pour que le bâtiment eût eu plus que le temps d'aller à Manille et d'en revenir, il dut faire appel à toute son énergie, à tout son courage, à toute sa résolution de dissimuler jusqu'au bout ses angoisses. « Songez, dit-il à ses hommes, à la lutte que nous soutenons contre les États-Unis : elle doit être rude, elle doit être longue, parce que nous avons affaire à une nation très puissante ; obligés de faire front aux Américains et aux Tagals [1], nos chefs n'ont pas de forces suffi-

(1) Les insurgés n'avaient pas été pour les Espagnols des adversaires à mépriser, car ils savaient se servir de leurs armes, et, moins de trente ans auparavant, un prince de la maison de France avait dit d'eux : « Le Tagal a d'admirables qualités militaires qui ont pu être appréciées par nos officiers lors de la première expédition de Cochinchine. Il a l'intrépidité que donne le mépris de la mort, propre aux races asiatiques ; il est dur

santes pour nous secourir ; il leur faut attendre des renforts de la péninsule. Ceux-ci sont en route ; attendons-les et faisons notre devoir. Nous rendre, après avoir vu qu'on ne nous oublie pas, serait biffer d'un trait dix mois de souffrances et de labeurs [1]. »

IV

Pour comprendre ce que je viens de raconter, il faut savoir qu'ayant convoqué au mois de septembre une assemblée nationale à Malolos, le généralissime des insurgés Emilio Aguinaldo y avait fait proclamer la République. Entre lui et les vainqueurs de Cavite les relations étaient tendues, mais il espérait encore que la doctrine de Monroe recevrait son application dans l'archipel : « Les Philippines aux Philippins, disait-il, comme l'Amérique aux Américains [2]. » Lorsqu'il connut le traité de Paris, il protesta contre la cession de son pays [3], puis, le 7 février, il lança une proclamation par laquelle il déclara la guerre aux États-Unis, et bientôt les généraux de l'Union se virent réduits à n'occuper que la banlieue de Manille [4].

Or, le bâtiment qui avait mouillé à la baie de Baler pour recueillir les assiégés était le *Yorktown*, canonnière cuirassée de 3,600 chevaux, armée de six canons de 15 cm., deux de 6 livres, deux de 3 et un de 1 ; il avait en outre deux canons-revolver, deux mitrailleuses Gatling et deux tubes lance-torpilles. Ayant mis à terre quatorze hommes et un officier, ceux-ci s'étaient vus enveloppés par les Tagals ; tous avaient péri et la mitrailleuse débarquée avec eux avait été ramenée en triomphe au camp insurgé. Les coups de canon entendus dans la soirée étaient tirés sur un vieux fortin situé à l'embouchure de la rivière.

Qui oserait jurer que la défaite des orgueilleux Yankees n'eût

aux fatigues et aux souffrances ; il est d'une incomparable agilité et d'une sobriété à toute épreuve. » Duc D'ALENÇON, *Luçon et Mindanao : récit et souvenirs d'un voyage en extrême Orient,* dans la *Revue des Deux Mondes* du 15 février 1870.

(1) S. MARTIN CEREZO, *El sitio de Baler,* p. 167.

(2) « Filipinas para los filipinos : esto es el principio de Monroe, aplicado á nuestro país ; asi como en Washington se dice : America para los americanos. » V. *El Imparcial,* 3 octobre 1898

(3) Cf., sur l'indignation des habitants de l'archipel à la nouvelle du traité de Paris, E. ALTAMIRANO Y SALCEDO, *Filipinas : relato histórico de actos y hechos realizados en los últimos dias de nuestra dominacion,* p. 104.

(4) H. TUROT, *Aguinaldo et les Philippins,* p. 213.

pas amené un sourire de satisfaction sur les lèvres des défenseurs de Baler, s'ils en avaient été informés ? Ces Tagals, après tout, étaient encore à leurs yeux des sujets de l'Espagne ; c'était à elle qu'ils devaient leur instruction militaire et, quelle que fût leur ingratitude envers la nation qui les avait tirés de la barbarie et préservés de la corruption de l'Islam [1], le léger échec qu'ils venaient d'infliger aux Américains était un premier châtiment de l'odieuse spoliation commise par les forbans abrités sous les plis du pavillon étoilé.

A partir de la tentative du *Yorktown*, ce fut un vrai chapelet de parlementaires (*un verdadero rosario de parlamentarios*). On fit mine de les recevoir à coups de fusil, et eux de se mettre à couvert et de crier en montrant une lettre : « C'est votre liberté, votre liberté que vous donne la population de Baler ! » Un soir, les assiégeants envoyèrent un enfant d'environ six ans qui sortit deux ou trois fois de la tranchée avec un drapeau blanc. Comme il élevait au-dessus de sa tête une lettre : « Voulez-vous que je la lui enlève ? » dit un chasseur au lieutenant Martin. « Bon, répondit celui-ci, mais vise bien pour ne pas le blesser. — N'ayez pas peur. » Le temps de mettre en joue, et la lettre vola en l'air comme par magie, pendant que le pauvre petit Tagal s'enfuyait en poussant des cris.

Ces belles offres n'empêchèrent pas les assiégeants de chercher à faire rôtir les défenseurs de l'église. Dans la nuit du 20 avril, le factionnaire de la sacristie fit feu sur ce qu'il crut être un carabao de petite taille. Peu d'instants après, la sentinelle placée derrière la fenêtre gauche du chœur prévint le commandant que sous cette fenêtre il devait y avoir des gens tapis contre le mur, attendu que les boîtes de conserves vides dont on avait jonché le sol pour éviter une surprise faisaient du bruit. Le lieutenant Martin vérifia le fait depuis la sacristie : il n'était pas douteux qu'un groupe plus ou moins considérable d'insurgés se tenait là ; par malheur, on ne pouvait pas tirer sur eux, et le détachement s'apprêtait déjà à faire une sortie, lorsque le docteur Vigil, au risque de se faire couper le bras, s'avisa de décharger perpendiculairement son revolver par la fenêtre même. Se voyant décou-

<hr>

(1) « Sans les canons de la marine espagnole, a dit avec raison un voyageur, les Philippines obéiraient maintenant aux Malais mahométans de Soulou et de Mindanao. » J. MONTANO, *Voyage aux Philippines*, dans le *Tour du Monde*, t. XLVII, p. 107. Cf. E. RECLUS, *Nouvelle géographie universelle*, t. XIV, p. 545.

verts, les Tagals prirent la fuite. Le lendemain, la clarté du jour montra l'herbe foulée autour de l'église par de nombreux pas ; deux fagots étaient dressés contre la sacristie ; une douzaine d'autres avaient été abandonnés sur le terrain [1], et, comme le combustible commençait à manquer, cette provision de bois inattendue vint à point pour aider les assiégés à cuire leurs misérables aliments.

Le 24 avril vit la fin des haricots et du café : il ne resta au détachement d'autres vivres que quelques boîtes de sardines et quelques poignées de riz. Riz et sardines furent dorénavant servis avec des herbes bouillies qui formaient une espèce de cataplasme plus indigeste que nourrissant ; on remplaça le café du matin par une décoction de feuilles d'oranger. Pour apaiser leur faim, les malheureux soldats ne reculèrent pas devant les aliments les plus répugnants : si un chien, un chat, un serpent passait à leur portée, ils le mangeaient ; il fallut les empêcher de descendre à la tranchée, où, sans crainte de s'empoisonner, ils dévoraient, feuilles et tiges, toutes les plantes qui s'y trouvaient.

Bien que contrariée par l'adresse de la section de tirailleurs, la canonnade des assiégeants avait recommencé : une des cloches du campanile gisait, démontée, à l'entrée de la nef ; les trois autres avaient été mises en pièces par les projectiles de l'ennemi. Le 7 mai, un boulet de canon entra dans le chœur par une fenêtre et, ricochant contre la muraille, alla tuer un soldat. Le 8, un obus perça le mur du baptistère, fit explosion au milieu de la pièce, qui ne mesurait que deux mètres et demi de long sur deux mètres de large, et blessa légèrement les trois chasseurs qui y étaient aux fers ; on retira ceux-ci de dessous les décombres dans un état de prostration lamentable et on les transporta dans l'église, où le docteur Vigil leur donna les premiers soins. La compassion qu'ils inspiraient fit qu'on se relâcha un peu de leur surveillance : l'un d'eux en profita pour rompre ses liens sous ses couvertures, sauta d'une hauteur de trois mètres et demi par une fenêtre, et s'enfuit comme un cerf vers les tranchées tagales ; plusieurs coups de fusil lui furent tirés, mais sans réussir à l'atteindre. Afin d'éviter que ses compagnons ne fissent de même,

(1) Les insurgés laissèrent aussi sur le sol de longs bâtons, dont la garnison ne put s'expliquer la destination.

on leur mit les ceps. Il était temps : tous deux s'étaient déjà à demi débarrassés de leurs chaînes.

La nuit suivante, le fugitif se prévalut de l'obscurité pour vomir contre les assiégés, en particulier contre le commandant, un véritable torrent d'injures : il avait autrefois servi dans l'artillerie et ce fut peut-être lui qui, le lendemain, pointa la pièce dont l'obus, éclatant au milieu du chœur, réduisit le lutrin en miettes et blessa plusieurs chasseurs [1]. Chose plus grave, il instruisit les chefs insurgés de la pénurie de vivres de la garnison et leur communiqua le dessein du lieutenant Martin de gagner les bois plutôt que de capituler. Comment le connaissait-il ? C'est ce qu'il ne faut pas chercher à approfondir. Toujours est-il que quarante-huit heures ne s'étaient pas écoulées depuis son évasion quand, suivant l'expression pittoresque de l'historien du siège, les tranchées ennemies se convertirent en une chaire d'où les Tagals conjurèrent les assiégés de ne pas avoir la barbarie de se jeter dans les bois. « Demandez à parlementer, criaient-ils ; notre lieutenant-colonel désire parler à votre chef et il lui accordera toutes les conditions qu'il demandera. » D'autres fois, ils exhortaient en espagnol les défenseurs de l'église à s'unir à eux pour combattre les traîtres Américains, disant que le général Rios était leur ministre de la guerre, qu'il fallait fraterniser, et ainsi de suite.

Loin de songer à se rendre, les assiégés ne pensaient qu'à prolonger leur résistance au delà des forces humaines. Toute leur crainte était que le campanile de la tour ne vînt à s'effondrer sous les boulets ennemis, entraînant dans sa chute le drapeau national ; on l'avait étayé tant bien que mal ; la solidité des étais paraissait elle-même douteuse. Par une nuit sombre, le commandant fit réparer le parapet derrière lequel le factionnaire de la tour se tenait en vigie [2], mais quelle ne fut pas sa surprise lorsqu'au jour il vit que, de leur côté, les Tagals avaient profité des ténèbres pour ouvrir deux tranchées à vingt pas de la cour. L'une de ces tranchées dominait l'escalier de la tour, que la

---

(1) Ce misérable, nommé José Alcaide Bayona, se trouva plus tard faire partie d'un détachement de rapatriés qui débarqua à Barcelone dans les premiers jours d'avril de l'année suivante. Mis aux fers pendant la traversée, il devait avoir de noirs forfaits sur la conscience, car, une fois dans les prisons de la péninsule, il prit la résolution, qu'il exécuta, de se laisser mourir de faim.

(2) Pour couvrir le bruit des travailleurs, le lieutenant Martin avait ordonné aux autres hommes de chanter pendant une partie de la nuit.

démolition du couvent avait laissé à découvert ; il fallut le masquer au moyen de toiles ; encore fut-on désormais obligé d'attendre l'obscurité pour relever les sentinelles.

Le 19 mai, on eut encore à déplorer la perte d'un soldat mort de dysenterie : ce fut la dernière victime du siège. Le lieutenant Martin songeait plus que jamais à se jeter dans les bois, car ce jour-là avait vu réduire la ration de riz quotidienne à une quantité insignifiante ; son seul espoir était qu'un vapeur arrivât à la baie, et, dans ce cas, ses mesures avaient été prises pour qu'un chasseur gagnât la plage et se mît en rapport avec le commandant du navire.

Il était pourtant écrit qu'avant de s'apprêter à sortir les assiégés infligeraient une dernière leçon aux rebelles. Le 28 mai, à onze heures du soir, le caporal de quart vint dire qu'on entendait du bruit dans la direction de la cour. Le commandant fit immédiatement prendre les armes à ses hommes, et, quand tous furent à leur poste, alla seul reconnaître ce qui se passait ; il ne put rien distinguer, mais la continuation du bruit le convainquit que les assiégeants travaillaient à percer le mur. Au bout de quelques instants, tout redevint silencieux, et ce ne fut qu'au lever du soleil qu'on put voir l'œuvre des Tagals pendant la nuit : ils avaient pratiqué des embrasures dans une des fenêtres condamnées de l'enceinte et ouvert une brèche vis-à-vis du puits. Lorsqu'il fut grand jour, ils crièrent aux Espagnols : « *Naranjas* [1] ! » se figurant que ceux-ci ne pourraient plus venir chercher l'eau dans laquelle ils faisaient infuser les feuilles qui remplaçaient le café, et il fut manifeste qu'ils se préparaient au combat. Le lieutenant Martin plaça sur-le-champ ses meilleurs tireurs aux fenêtres qui commandaient la cour, puis, avec quelques hommes, il se mit en devoir d'obstruer la brèche. On fit cependant chauffer de l'eau dans deux grandes chaudières de fer, et, quand cette eau fut bouillante, on la versa par-dessus le mur à l'aide de boîtes de conserves emmanchées de longs bâtons. L'effet de cette aspersion sur les corps demi-nus des assaillants dépassa l'attente des Espagnols : des cris de douleur retentirent, auxquels des éclats de rire firent écho à l'intérieur de la cour. « Vous voulez donc, gémissaient les Tagals, nous plumer comme des coqs ? » N'osant quitter l'abri du mur, les pauvres

(1) « Aux oranges ! »

diables couraient à droite et à gauche, pendant que les chasseurs continuaient à les arroser d'eau bouillante en leur demandant s'ils trouvaient le café assez chaud. A la fin, ils essayèrent de regagner leurs tranchées, mais, quoiqu'elles ne fussent qu'à vingt pas, deux d'entre eux purent seuls y arriver ; dix-sept autres tombèrent morts, atteints au milieu de leur course par les balles des assiégés.

Une heure s'était à peine écoulée, lorsque les rebelles sonnèrent au parlementaire et, au grand étonnement de la troupe, déployèrent pour la première fois le drapeau espagnol [1]. Supposant que l'ennemi voulait solliciter une suspension d'armes pour relever ses morts, le lieutenant Martin cria au porteur du drapeau d'avancer, et on vit paraître un individu revêtu de l'uniforme de lieutenant-colonel d'état-major, qui dit se nommer D. Cristobal Aguilar y Castañeda et être chargé par le général Rios de ramener le détachement. Il demanda s'il n'y avait pas parmi les hommes un soldat qui eût été à Mindanao et pût le connaître. Le commandant répondit que non et ajouta que dans les tranchées d'où il sortait, il ne manquait assurément pas de connaissances personnelles. « Si vous doutez que je sois le lieutenant-colonel Aguilar, reprit l'inconnu, voici des documents qui peuvent vous le prouver. » Et il tendit une large enveloppe au lieutenant Martin. « C'est inutile, » dit ce dernier, en refusant de prendre les papiers. Le lieutenant-colonel Aguilar apprit alors à son interlocuteur qu'un vapeur était à la disposition du détachement pour le transporter à Manille : si les assiégés désiraient le voir, ils n'avaient qu'à indiquer l'endroit de la côte où il devrait croiser et le signal qu'il devrait faire. L'offre fut acceptée, et, après quelques pourparlers, on convint que le lendemain le bâtiment s'approcherait de la terre et tirerait deux coups de canon. A vrai dire, le lieutenant Martin n'ajoutait qu'une foi médiocre aux promesses du parlementaire, car celui-ci avait tout d'abord objecté que le signal demandé pouvait jeter l'alarme parmi les assiégeants [2].

La défiance du loyal officier était jusqu'à un certain point lé-

---

(1) Ils avaient arboré, quelque temps auparavant, un drapeau américain qui provenait sans doute de la désastreuse tentative de débarquement du *Yorktown*.

(2) Le lieutenant-colonel Aguilar ayant en outre allégué que le navire ne possédait qu'une petite pièce d'artillerie : « Oui, dit le lieutenant Martin en souriant, celle que vous avez ici, n'est-ce pas ? » S. MARTIN CEREZO, *El sitio de Baler*, p. 178.

gitime, et ceux qui la lui ont reprochée ne se sont pas rendu compte des conditions dans lesquelles il se trouvait. Il se souvenait, en effet, de ce que les Tagals lui avaient crié peu de temps auparavant ; il se rappelait qu'ils avaient dit leur lieutenant-colonel désireux de lui parler, ajoutant que le général Rios faisait cause commune avec eux [1]. Aussi, loin de le rassurer, les deux galons dorés du parlementaire [2] le laissaient-ils perplexe. Son langage, ses manières, l'aisance avec laquelle il portait l'uniforme semblaient bien dénoter un officier de l'armée régulière : il n'en restait pas moins à expliquer comment les rebelles lui avaient permis de franchir leurs lignes après s'être opposés précédemment à une tentative de débarquement ; si l'on n'avait pas affaire à un lieutenant-colonel philippin déguisé, qui pouvait répondre qu'on ne se trouvait pas en présence d'un Espagnol oublieux de ses devoirs ?

Quoi qu'il en soit, le lendemain 30 mai, à dix heures du matin, un premier coup de canon fut tiré : le lieutenant Martin gravit précipitamment l'escalier de la tour, la lorgnette à la main, et à peine arrivait-il au campanile qu'une seconde détonation se fit entendre ; bientôt le vapeur parut à l'endroit convenu, mais, trompés par une illusion d'optique, les assiégés crurent le voir évoluer dans des parages où un homme n'avait de l'eau que jusqu'à la ceinture, en sorte qu'ils s'imaginèrent que c'était une simple chaloupe à vapeur, un *lanchon*, que les Tagals manœuvraient pour les faire tomber dans un piège.

A midi, personne n'étant venu, le lieutenant Martin dit à ses soldats : « L'ennemi se propose de nous empêcher de faire la sieste, afin qu'à la nuit il puisse nous assaillir rendus de sommeil. Vous verrez que ce lieutenant-colonel ne viendra pas avant qu'on ne ferme la porte. » Il venait d'aller se jeter sur son lit, quand le lieutenant-colonel Aguilar se présenta. On dit à celui-ci de revenir à trois heures et demie, et, malgré ses protestations, il dut se retirer. A trois heures, il demanda de nouveau le chef du détachement, et sa première parole fut : « Avez-vous vu

---

(1) Tout invraisemblable que pût être la défection de l'ancien commandant des îles Visayas, elle fut d'autant plus facilement admise par les assiégés que les ecclésiastiques enfermés avec eux dans l'église disaient avoir entendu parler du mariage du général avec une Philippine.

(2) Comme marque distinctive de leur grade, les lieutenants-colonels de l'armée espagnole portent deux larges galons plats et deux étoiles sur la manche.

le vapeur ? — Oui, répondit le lieutenant Martin d'une fenêtre du chœur, mais comment veut-on que nous allions à bord de ce bâtiment avec tous les vivres qui nous restent, avec les munitions, l'artillerie et l'abondant matériel d'administration et de santé qui est ici ? — Non, dit le lieutenant-colonel Aguilar, il n'y a pas à emporter tout cela. — Qu'en devons-nous donc faire ? — Le remettre à ces gens. — Le remettre à ces gens ! répéta le lieutenant Martin stupéfait. — Oui, oui, cela vous étonne ? Ah ! si vous aviez vu tout ce que nous avons remis, nous autres, à Zamboanga [1] ! »

Le brave commandant se tourna alors vers ses hommes et leur dit à voix basse : « Vous voyez ? C'est toujours la même musique ; ce qu'ils désirent, ce sont nos armes. — Voulez-vous que je le tue, mon lieutenant ? demanda un chasseur en prenant son fusil. — Jamais, se hâta de dire le lieutenant Martin ; on peut ne pas recevoir les parlementaires, mais non commettre un assassinat, qui pourrait avoir par surcroit les conséquences les plus graves. »

La conférence se prolongea, sans que le lieutenant-colonel Aguilar parvînt à ébranler son interlocuteur [2]. « Si la paix est faite, dit ce dernier, que les Tagals donnent l'exemple en se retirant les premiers. Dites au général que j'ai encore des vivres pour trois mois (la veille, le riz avait fini et il ne restait plus que quelques boîtes de sardines) ; si, passé ce temps, un bâtiment de guerre ou des forces espagnoles ne viennent pas nous chercher, j'irai me présenter à Manille avec mes gens, quelque longs détours que je doive faire. » Vainement l'officier espagnol lui remontra-t-il que son obstination à défendre un coin de terre qui n'appartenait déjà plus à la couronne était une folie et qu'elle ne pouvait aboutir qu'à une catastrophe, il dut mettre fin à l'entretien en demandant : « Si le général Rios vient en personne, lui obéirez-vous ? » et, sur la réponse affirmative du comman-

---

(1) Zamboanga, capitale de la province de ce nom, que ses habitants ont surnommée la Séville des Philippines, est située sur les bords de la mer de Jolo, à l'extrémité occidentale de l'île de Mindanao. Cf. L. Vendrell y Eduard, *De Manila á Zamboanga,* p 59.

(2) Lorsque les défenseurs de Baler arrivèrent à Manille, une des premières personnes que le chef du détachement rencontra fut le lieutenant-colonel Aguilar, qui lui demanda en souriant : « Et maintenant me reconnaissez-vous ? — Oui, señor, répondit le lieutenant Martin, et il eût mieux valu pour moi le faire à Baler. » S. Martin Cerezo, *El sitio de Baler,* p. 228.

dant, il se retira, pendant que le lieutenant Martin disait à ses soldats : « Quel dommage qu'un homme comme lui ait passé à l'insurrection [1] ! »

En partant, le lieutenant-colonel Aguilar avait laissé à terre un paquet de journaux, que les assiégés ne manquèrent pas de ramasser. Parmi ces journaux se trouvaient plusieurs numéros de l'*Imparcial*, qu'on s'empressa de comparer attentivement à ceux qu'on possédait : c'était le même format, les mêmes caractères, le même papier, mais la défiance était si bien ancrée dans les âmes qu'on ne vit là qu'une nouvelle preuve du merveilleux talent d'imitation des Tagals [2] ; les journaux furent tenus pour apocryphes, et, comptant que la promesse d'attendre la venue du général Rios porterait les assiégeants à faire moins bonne garde, le détachement se prépara à gagner les bois à la faveur de la nuit. Le commandant répartit entre ses chasseurs les munitions qui restaient ; il remit à chacun d'eux un manteau neuf et fit confectionner avec les cartouchières et le fourniment des morts des chaussures pour ceux qui n'en avaient plus ; les cordes des lustres du chœur furent soigneusement mises de côté afin d'établir un va-et-vient au passage des nombreux cours d'eau qu'on ne manquerait pas de rencontrer [3].

Restait une dernière mesure à prendre, mesure terrible, douloureuse, mais dont l'exécution ne pouvait être différée : passer par les armes le caporal et le soldat convaincus d'avoir voulu déserter de concert. Le 1er juin, les deux misérables furent fusillés après un jugement sommaire, conformément à l'ordre du capitaine général des Philippines, D. Basilio Augusti y Davila, du 28 avril 1898 [4]. « Ce fut très dur, dit l'historien du siège, mais

(1) Le lieutenant-colonel Aguilar avait amené avec lui un photographe de Manille ; il demanda la permission de prendre une vue de l'église et du détachement ; elle lui fut refusée et il dut se contenter de photographier la maison où était le canon des assiégeants.

(2) Tous ceux qui ont séjourné aux Philippines ont rendu justice à ce talent : « Apenas ven hacer una cosa que desconocen, procuran imitarla, no descansando hasta confeccionarla igual-*parejo*, como ellos dicen, á la qui les sirvío de modelo. » F. MONTE-VERDE Y SEDANO, *Campaña de Filipinas : la division Lachambre (1897)*, p. 54.

(3) Certaines rivières de la Nouvelle-Ecija forment de tels méandres que, le 8 juin, le détachement dut traverser soixante-douze fois le même *rio* dans l'étape de San José de Casignan à Mariquí.

(4) « Art. 1º. Serán juzgados por los consejos de guerra, en juicio sumarísimo, y condenados á muerte como reos del delito de traición.

... . 5ª Los que intenten seducir tropas ó marineria que esté al servicio de España con objeto de que deserte. »

ce fut nécessaire. Je procédai à l'exécution avec sérénité, accomplissant mon devoir, et c'est pour cela sans doute que pas un instant la tranquillité de ma conscience n'a été troublée [1]. » Une fosse fut creusée au milieu de l'église ; on y déposa les corps des suppliciés, plaçant sous eux les canons des fusils superflus, dont on avait, au préalable, brûlé les bois et dispersé les culasses mobiles ; après quoi, pleins d'une joyeuse impatience, les chasseurs attendirent le moment d'abandonner un lieu rendu encore plus lugubre par l'œuvre de froide justice qui venait d'y être accomplie.

Il est à croire cependant que les Tagals soupçonnaient le dessein des assiégés, car on put constater que la vigilance redoublait d'une façon insolite dans leurs lignes. La nuit vint, mais, bien qu'il n'y eût pas de lune, le ciel était tellement dépouillé de nuages qu'il parut plus prudent de remettre la sortie au soir suivant. Après avoir fait jurer à ses hommes que, si l'un d'eux venait à tomber au pouvoir des rebelles, il ne dirait pas un mot, ne ferait pas un geste susceptible d'indiquer la direction prise par le détachement, le lieutenant Martin consacra les premières heures de la matinée à relire les journaux de Madrid. Ce fut alors qu'un simple alinéa de deux lignes lui dessilla les yeux : il s'agissait de l'affectation d'un de ses amis intimes à la garnison de Malaga ; le nom de l'officier avec lequel il avait servi dans le régiment de Bourbon [2] ne pouvait pas avoir été inventé. On voit tout de suite quelles conséquences le commandant de Baler tira de ce menu fait. « Ainsi, écrit-il, ces papiers étaient espagnols et tout ce qu'ils disaient était vrai. Il n'était donc pas faux que nos colonies fussent perdues, que nous eussions été bassement dépouillés, que ce morceau de terre que nous avions défendu jusqu'à la folie ne fût déjà plus à nous, et qu'ainsi que le disait le lieutenant-colonel Aguilar, notre obstination à le défendre n'eût déjà plus de raison d'être. Ce fut pour moi, ajoutet-il, comme le rayon de lumière qui illumina subitement la mortelle coupure dans laquelle nous allions nous précipiter [3]. » En se jetant dans les bois, l'intention de l'intrépide officier n'était pas, en effet, d'y vivre avec ses chasseurs comme les sau-

---

(1) S. Martin Cerezo, *El sitio de Baler*, p. 188.

(2) 17ᵉ d'infanterie de ligne, surnommé *El Emigrado* pour avoir été emmené prisonnier en France après sa belle défense de Girone en 1808.

(3) S. Martin Cerezo, *op. cit.*, p. 190.

vages Igorrotes [1] ; atteindre Manille lui semblait, d'autre part,
aussi impossible (c'est son mot) que d'escalader les montagnes
de la lune ; il se proposait seulement de gagner le rivage de la
mer et d'y attendre le passage d'un bâtiment de guerre espagnol.
Cette espérance s'évanouissant, il ne fallait plus songer à sortir ;
il n'y avait qu'à capituler.

Laissons ici parler le commandant de Baler : celui-là seul qui a
vécu ces heures poignantes a droit de les raconter.

« Je fis immédiatement rassembler mes gens, rapporte le lieutenant Martin, je leur contai ce qui était arrivé et leur manifestai
sans détours que le moment me paraissait venu de traiter avec
l'ennemi. Quelques-uns de ces braves, les yeux pleins de larmes,
ne se montraient pas encore convaincus, et d'autres me repré-
sentaient que le fait de l'eau bouillante était trop récent et qu'on
allait nous brûler vifs. Étouffant de pleurs et de rage, j'insistai
auprès des premiers pour les convaincre qu'il ne nous restait
plus d'autre moyen de salut, et, pour dissiper les craintes très fon-
dées des autres, je leur répondis ce qui suit :

« Le lieutenant-colonel Aguilar est indubitablement le chef
des forces qui nous entourent. Je vous ai dit tout de suite qu'il
me paraissait un individu distingué et très versé dans les ques-
tions militaires. Je le crois encore et suis assuré, par conséquent,
qu'il ne permettra pas qu'on maltraite ceux qui méritent unique-
ment, comme c'est notre cas, la qualification de soldats dignes
de récompense, victimes de l'amour de la patrie. La ténacité de
notre défense était fondée sur le rigoureux accomplissement de
ce que prévoient le règlement du service en campagne, le code
de justice militaire et le code de l'honneur, nos ordonnances et,
en dernier lieu, les arrêtés du capitaine général de l'archipel, le
général Augusti ; nous n'avons donc fait qu'accomplir loyalement
notre devoir, donnant peut-être un exemple plus digne d'admiration que de châtiment, et finalement, si on ne l'envisage pas
ainsi, je suis après tout seul responsable de tout ce qui est arrivé
et je dois être seul à payer, notamment pour avoir donné l'ordre
de brûler les fusils. »

« Eh bien ! alors, répondirent-ils, faites ce qui vous paraîtra
le mieux ; ceci vous regarde. »

(1) Les Igorrotes sont des Tagals ayant conservé la religion et les mœurs primitives ;
ils vivent dans les bois, et l'Espagne n'a jamais eu sur eux qu'une souveraineté nomi-

Je leur fis immédiatement un bref exposé des conditions auxquelles nous devions nous rendre, leur proposant, si elles n'étaient pas acceptées, de sortir morts ou vifs, comme il plairait à Dieu ; ils les approuvèrent à l'unanimité. J'ordonnai à l'instant d'arborer le drapeau blanc et fis sonner le garde à vous et l'appel (*atención y llamada*). Moment inoubliable !

Une des sentinelles insurgées s'avança tout de suite et je lui criai d'appeler le lieutenant-colonel Aguilar. Peu après, un commandant également indigène s'approcha et nous dit que cet officier n'était déjà plus avec eux, mais que son lieutenant-colonel allait venir, qu'il l'avait laissé finissant de s'habiller et que c'était lui qui commandait le camp.

Ce dernier officier ne se fit pas non plus attendre et, quand il fut venu me parler, je lui fis part de mes désirs, mais en finissant par cet avertissement : « Ne vous figurez pas que je me trouve à bout de forces [1] ; il me reste encore des vivres pour quelques jours, et, si vous n'admettez pas les bases que je veux proposer, tenez pour très certain qu'avant de me rendre à d'autres conditions je gagnerai le bois en assaillant les tranchées. » Il me répondit de formuler la capitulation dans les termes qui me conviendraient, pourvu qu'ils ne fussent pas dénigrants pour eux, et me dit spontanément qu'il nous serait permis de conserver nos armes jusqu'aux limites de sa juridiction, où nous aurions à les livrer [2]. »

Certes, le détachement de Baler avait bien mérité les honneurs de la guerre par son invraisemblable résistance, et les insurgés lui rendaient justice en les lui accordant. Le lieutenant Martin n'accepta pourtant pas cette offre généreuse : il voyait les forces de ses hommes décroître de moment en moment, depuis qu'ils n'étaient plus soutenus par la fièvre de la lutte ; jamais il ne leur aurait été possible de faire une journée de marche en portant leurs fusils. C'est pourquoi il se borna à libeller les quatre articles suivants, qui furent acceptés sans hésitation ni discussion.

Art. 1er. Dès cette date les hostilités seront suspendues entre les deux partis belligérants.

Art. 2. Les assiégés déposeront leurs armes, les remettant au

---

nale. Cf., sur ces *infieles*, E. Plauchut, *L'archipel des Philippines*, dans la *Revue des Deux Mondes* du 15 mars 1877.

(1) L'espagnol dit plus énergiquement : « Con el agua al cuello. »

(2) S. Martin Cerezo, *El sitio de Baler*, p. 191.

chef de la colonne assiégeante, ainsi que les équipements militaires et autres effets appartenant au gouvernement espagnol.

Art. 3. Les forces assiégées ne resteront pas prisonnières de guerre [1], étant accompagnées par les forces républicaines jusqu'à la rencontre des forces espagnoles ou à un lieu d'où elles puissent se réunir à celles-ci.

Art. 4. Les intérêts particuliers seront respectés sans faire de tort à personne.

La capitulation fut signée le jour même par le lieutenant-colonel philippin Terzon et deux autres chefs insurgés, d'une part, et, de l'autre, par le lieutenant Martin et le docteur Vigil. A peine les soldats eurent-ils déposé les armes que leurs adversaires s'empressèrent de leur vendre des vivres, sans augmentation de prix. Jusqu'au 7 juin, date à laquelle ils quittèrent Baler, les vaillants Espagnols n'eurent à subir aucun mauvais traitement. « Tout au contraire, rapporte leur chef, les assiégeants et la population du bourg nous félicitaient de la fermeté avec laquelle nous avions résisté, assurant qu'ils auraient tous fait de même et que nous avions accompli notre devoir. Ils étaient avides de nous voir et nous contemplaient avec étonnement ; il y en eut bien peu, je puis l'affirmer, qui ne vinrent pas nous saluer à l'église et y admirer la manière dont nous nous étions retranchés [2]. »

Ainsi finit ce siège dont l'Espagne est justement fière : ne semble-t-il pas que le 2 juin mérite de devenir pour les *cazadores* ce qu'est l'anniversaire de Sidi-Brahim pour la troupe d'élite dans les rangs de laquelle je m'honore d'avoir autrefois combattu ?

Suivre les glorieux vaincus sur la route de Baler à Manille allongerait inutilement ce récit : je ne décrirai donc pas le pénible voyage au cours duquel le lieutenant Martin faillit être victime d'un guet-apens et se vit dépouiller des modestes bijoux de l'épouse dont il portait le deuil. Qu'il suffise de savoir que les héros de Baler furent unanimement fêtés dans la capitale de l'archipel [3] ; on frappa en leur honneur des médailles commémo-

---

(1) On voulut plus tard intercaler à la suite de ces mots la phrase suivante : « En considération de ce que la souveraineté espagnole a cessé dans les Philippines, » mais le lieutenant Martin s'y refusa catégoriquement.

(2) S. Martin Cerezo, *El sitio de Baler*, p. 199. Tous les Espagnols qui mirent bas les armes ne furent pas traités avec autant d'humanité. Cf. C. Ria Baja, *Memorias de un prisionero*, p. 16.

(3) « Mi habitacion, dit le commandant du détachement, parecia un jubileo. » S. Martin Cerezo, *op. cit.*, p. 227.

ratives d'or et d'argent ; la soirée théâtrale organisée à leur bénéfice permit de remettre à chaque soldat une lettre de change de 140 pesos ; une société catalane tint, d'autre part, à donner au lieutenant Martin et au docteur Vigil des preuves effectives de son admiration, et, toujours généreux, le premier s'empressa d'abandonner à ses chasseurs la somme qui lui avait été versée.

Le 28 juillet 1899, le détachement monta à bord du paquebot transatlantique *Alicante* et débarqua le 1er septembre à Barcelone, où, le lendemain, il fut licencié. Les honneurs ne manquèrent pas non plus dans la péninsule aux trente-trois survivants du siège de Baler : dès le 4 septembre, une ordonnance royale exprimait la satisfaction que leur conduite héroïque causait à la patrie et les donnait en exemple à tous ceux qui portent l'uniforme ; le chef du détachement fut successivement promu premier lieutenant, puis capitaine ; il reçut la croix de seconde classe de Saint-Ferdinand avec une pension annuelle de 1,000 pesetas ; le docteur Vigil eut la croix de première classe de Marie-Christine ; les deux caporaux, le clairon et les vingt-huit chasseurs se virent concéder la croix d'argent du Mérite militaire avec une pension mensuelle de 7,50 pesetas [1].

Ces récompenses étaient méritées et elles durent combler les vœux du capitaine qui, durant les longues nuits du siège, s'était sans doute répété plus d'une fois que « le seul bien qui reste, alors que tout s'éloigne, c'est la conscience nous affirmant que nous n'avons manqué à l'accomplissement d'aucun devoir [2]. » Je doute néanmoins qu'elles lui aient causé plus de joie que le témoignage rendu à sa bravoure par le généralissime des insurgés. Voici, en effet, en quels termes s'était exprimé ce dernier :

« Les forces espagnoles qui composaient la garnison de Baler se sont acquis des droits à l'admiration du monde par la valeur, la constance et l'héroïsme avec lesquels cette poignée d'hommes isolés et sans aucune espérance de secours a défendu son drapeau pendant l'espace d'un an, réalisant une épopée si glorieuse et si digne de la valeur légendaire des fils du Cid et de Pélage. Rendant hommage aux vertus militaires et interprétant les sentiments de l'armée de cette République qui les a bravement com-

---

(1) Une pension annuelle de 5,000 pesetas, reversible à ses enfants, a été votée par les Cortès, dans l'été de 1904, à la veuve du capitaine Las Morenas, Dª Carmen Alcalá y Buelga.

(2) A. Canovas del Castillo, *El solitario y su tiempo*, t. II, p. 255.

battus, sur la proposition de mon secrétaire de la guerre et d'accord avec mon conseil de gouvernement, je dispose ce qui suit :

Article unique. Les individus dont se composent les forces ci-dessus ne seront pas considérés comme prisonniers, mais, au contraire, comme amis, et la capitainerie générale les pourvoira des passeports nécessaires pour qu'ils puissent retourner dans leur pays.

Donné à Manille, le 30 juin 1899.

Le président de la République,
Emilio AGUINALDO.

Le secrétaire de la guerre,
Ambrosio FLORÈS [1].

La portée de cet épisode de la dernière guerre hispano-américaine ne sera cependant pas, je le crains, saisie par tout le monde. En fermant le livre de M. le capitaine Martin, plus d'un lecteur se prendra à déplorer que tant de courage et d'endurance ait été dépensé inutilement, et il lui échappera peut-être de murmurer : A quoi bon ? Il est certain que la défense de Baler n'a rien changé au cours des événements ; elle ne pouvait exercer aucune influence sur les travaux de la commission de Paris ; les détails n'en ont même été connus dans la péninsule que longtemps après la cession des Philippines aux États-Unis. Malgré cela, il est bon qu'un tel exemple de fidélité au drapeau ait été donné ; l'héroïque entêtement de ces braves rachète mainte composition trop précipitée [2] ; c'est comme la dernière salve tirée sur la tombe d'un soldat tué à l'ennemi.

Il est d'ailleurs un fait qui achève de mettre en relief l'intrépidité de M. le capitaine Martin et de ses compagnons. A l'automne de l'année suivante, un détachement américain de 200 hommes, cerné dans Baler par les Tagals, s'empressa de déposer les armes : les Espagnols virent dans cette reddition un contraste consolant avec le premier siège, et un journal de Madrid put dire avec fierté : « L'abnégation spartiate d'une poignée de héros, demi-nus, affamés, mais indomptables, imprimant le res-

---

[1] S. MARTIN CEREZO, *El sitio de Baler*, p. 221.

[2] « ¡Lastima grande que sea muy superior el número de los destacamientos que sucumbieron sin lucha que el de los que mantuvieron sin mancha la bandera de la patria ! » D. ISERN, *Del desastre nacional y sus causas*, p. 305.

pect et la terreur à des forces cent fois plus considérables et écrivant dans l'histoire de la patrie une de ses pages les plus admirables, paraît maintenant doublement grande, doublement belle. Baler était consacré par le sang des martyrs et des héros, et des exploits semblables ne se renouvellent pas, aucune autre nation ne s'en peut faire gloire ; l'orgueilleuse Amérique du Nord pourra avoir d'immenses richesses, de vastes possessions, mais un siège de Baler, elle ne l'a pas, elle ne l'aura jamais [1]. »

Tout pâle qu'il est, ce furtif rayon de gloire peut adoucir, en effet, l'amertume avec laquelle les descendants de Legazpi songent au splendide joyau dont l'oncle Sam les a dépouillés. Il ne servirait à rien d'énumérer les fautes qui devaient tôt ou tard faire perdre l'archipel des Philippines à l'Espagne [2]. Déjà, au milieu du siècle dernier, un marin français s'étonnait que ces colonies n'eussent pas changé de maîtres [3] ; rien depuis lors n'a été fait pour les mettre à l'abri d'un coup de main ; si l'on excepte la courte campagne du général Polavieja, la mollesse et l'incohérence semblent avoir présidé à la répression des dernières insurrections tagales ; lorsque la guerre avec les États-Unis a éclaté, les défenses de Manille étaient dans un état pitoyable, les batteries de la côte sans armement, les vaisseaux de l'amiral Montojo voués à une destruction certaine, et on peut regarder le combat naval de Cavite, suivant un mot bien connu, comme la lutte d'un homme armé d'un mauvais pistolet contre un adversaire nanti d'un fusil Mauser [4]. Quant aux Philippins, l'avenir se chargera de montrer ce qu'ils auront gagné à se révolter contre la métropole. Ils ont voulu secouer le joug, sans prendre garde que « c'était le joug le plus doux, le plus humain qui eût jamais été

[1] *El Heraldo*, 5 octobre 1900.

[2] Réformes imprudentes, hauteur de certains fonctionnaires, vénalité de beaucoup d'autres, rivalité des ordres religieux, appui prêté par quelques capitaines généraux à la franc-maçonnerie implantée dans l'archipel, organisation et armement des milices indigènes, quand déjà la fidélité des Tagals à l'Espagne était plus que douteuse, tout a concouru à rendre un soulèvement général inévitable, si bien qu'un écrivain a pu dire : « Bien puede asegurarse que la revolución en Filipinas no ha venido de abajo arriba, como suele acontecer en otros paises, sino de arriba abajo, de la metrópoli á la colonia, del gobernante al gobernado. » ABELLA Y CASARIEGO, *Filipinas*, p. 4.

[3] « Ne semble-t-il pas étonnant que celle-ci (la cour d'Espagne) soit encore maîtresse des Philippines, lorsqu'on considère le peu de discernement qui a généralement présidé au choix des agents chargés d'administrer ces précieuses colonies ? » LAPLACE, *Campagnes de circumnavigation de la frégate* l'Artémise *pendant les années 1837, 1838, 1839 et 1840*, t. IV, p. 137.

[4] D. ISERN, *op. cit.*, p. 432.

imposé à une nation [1]. » Dieu veuille que, justifiant la prédiction d'un homme d'État espagnol [2], ils ne se voient pas réduits par leurs libérateurs à la triste condition des indigènes de l'Amérique du Nord !

[1] C. Lavollée, *Les Philippines et la domination espagnole*, dans la *Revue des Deux Mondes* du 15 juin 1860.

[2] « Si por desdicha y para vergüenza de España llegaran los norteamericanos á posesionarse del todo ó parte del Archipielago, no tardarian los indígenas en sufrir la misma suerte, y en más corto espacio de tiempo, que la que han tenído los pieles-rojas y demás aborígenes de las regiones que hoy ocupan los Estados de la gigantesca Republica. » A.-M. Fabié, *Mi gestion ministerial respecto á la isla de Cuba*, p. 647.

9 782019 938482